LES PREMIERS MOIS

DE LATIN

(LIVRE DE L'ÉLÈVE)

LIBRAIRIE VUIBERT

LES PREMIERS MOIS DE LATIN

(Livre de l'Élève)

Les débuts du latin présentés en 3 volumes 18/12^{cm}, cart. :

1. *Introduction à l'étude élémentaire du latin. Histoire de l'Orient racontée par Israël.*

  Méthode, Exercices et Tableaux de grammaire, à l'usage des grands débutants et des familles. . . . . **6 fr.** »

2. *Traduction des exercices* de l'ouvrage précédent, à l'usage des grands débutants et des familles. . . . . **3 fr.** »

3. *Les premiers mois de latin.* Livre de l'Élève. Exercices seuls et tableaux de grammaire, extraits de l'*Introduction à l'étude élémentaire du latin.* . . . . **4 fr. 50**

  (Ajouter à ces prix la majoration de 25 %).

————————

Sous presse :

Les malheurs et la gloire d'Israël, du Schisme au retour de la Captivité (955-535 av. J.-C.). Deux séries de lectures, avec traduction, faisant suite aux trois volumes précédents. — Vol. 18/12^{cm}.

————————

DU MÊME AUTEUR

(à la même librairie) :

Comment apprendre le Latin à nos fils. — Volume 18/12^{cm} de 424 pages. 2e édition, broché. . . . . **10 fr.** »

La Classe de Français. Journal d'un Professeur dans une division de Seconde C. — Volume 18/12^{cm} avec 5 belles planches photographiques hors texte et un autographe. 4e édition. . . **9 fr.** »

De la Méthode littéraire. Journal d'un Professeur dans une Classe de Première. — Volume 18/12^{cm} de 746 pages, avec une Table analytique. 4e édition. . . . . **12 fr.** »

Ouvrage couronné par l'Académie des Sciences Morales et Politiques (Prix Audiffred).

La Sélection par le Latin et la Réforme de l'enseignement secondaire. Quatre plaidoyers *pro domo* par un professeur de Sixième. — Broch. 22/14^{cm}. . . . . **2 fr. 50**

L'âme du Lycée. — Brochure 18/12^{cm}. . . . . **1 fr.** »

J. BEZARD

PROFESSEUR AU LYCÉE HOCHE

LES PREMIERS MOIS
DE LATIN

(Histoire de l'Orient racontée par Israël)

LIVRE DE L'ÉLÈVE

EXTRAIT

DE

l'Introduction à l'Étude élémentaire du latin

PARIS

LIBRAIRIE VUIBERT

BOULEVARD SAINT-GERMAIN, 63

1923

LES PREMIERS MOIS DE LATIN

AVERTISSEMENT

Ce recueil de textes et d'exercices est destiné aux élèves qui commencent le latin sous la direction d'un maître, dans une classe régulièrement organisée. Il est extrait d'un ouvrage plus étendu, intitulé *Introduction à l'étude élémentaire du latin*, où les parents, les instituteurs, les travailleurs isolés, tous ceux qui, pour une raison quelconque, éprouvent le besoin de réfléchir sur les humbles débuts de cet enseignement, trouveront en outre des conseils à eux seuls adressés. Tel qu'il est, il suppose donc que le professeur de la classe a pris lui-même connaissance du livre complet et remplace avec avantage, par son enseignement oral, les chapitres théoriques dont nous l'avons allégé (1). Les jeunes débutants de *Sixième*, qui l'auront entre les mains, y trouveront cependant tout ce qui leur est nécessaire pour profiter des leçons de leur maître sans aucun autre secours ; notre désir est qu'il remplace pour eux momentanément la *grammaire*, le *lexique élémentaire* et *le livre d'exercices*, en même temps qu'il leur propose des textes assez vivants pour être considérés comme un véritable auteur.

A l'exception des exercices de la *série préliminaire*, qui ne demandent guère que trois semaines de travail, les versions et les thèmes se rattachent, en effet, à cette histoire primitive d'Israël qui fut longtemps le sujet du premier *Epitome*,

(1) Nous n'y avons laissé que certains conseils dont les plus jeunes élèves peuvent d'eux-mêmes apprécier l'utilité.

de l'*Epitome historiæ sacræ*; plus confiant encore que Lhomond dans la simplicité de ces vieux récits, nous avons cru pouvoir les proposer dès la quatrième semaine, en nous rapprochant plus que lui du texte de la Vulgate ; c'est seulement après le troisième mois que nous donnons de longs extraits de son vénérable livre, après la lecture desquels il ne restera plus qu'à passer vers le cinquième mois de l'année à l'*Epitome historiæ Græcæ*. Même dans les exercices de la série préliminaire, nous nous sommes efforcés de donner, dès le premier jour, des groupes de mots qui présentent en eux-mêmes quelque intérêt; des maximes, des titres, des mots historiques, d'après lesquels élèves et professeur ne manqueront pas d'en découvrir d'autres analogues ou meilleurs encore. Bref, nous avons eu le désir d'éviter l'aridité, de nous appuyer, même dans l'étude des formes, sur des textes qui n'eussent rien de sec ni d'abstrait, et qui permissent à l'élève d'apercevoir sans effort l'utilité des connaissances que nous l'engageons à s'assimiler.

Le même souci nous a guidé dans la composition des *vocabulaires*, des *tableaux de grammaire*, des conseils relatifs au *cahier de Latin*. Nous avons voulu supprimer, radicalement supprimer, au début, l'usage du lexique, même de ces lexiques simplifiés qui terminent d'ordinaire les livres d'exercices. Le seul lexique dont l'élève doive prendre bientôt connaissance est le dictionnaire étymologique de Bréal; encore ne doit-il l'ouvrir qu'en présence de son professeur et sous sa direction ; jusque-là, son seul dictionnaire sera celui qu'il composera lui-même, suivant les indications données dans les deux premières classes, d'après les vocabulaires qui précèdent thèmes et versions. Nous souhaitons également qu'avec l'aide de son professeur, il se passe, au début, de grammaire théorique: il trouvera, à la fin de ce petit volume, des *tableaux* relatifs aux déclinaisons, aux pronoms, aux règles de la syntaxe élémentaire, avec la série des *verbes types* complètement conjugués ; il n'aura pas besoin de copier les verbes,

qu'il ne saurait jamais écrire plus clairement que l'imprimé ;
il fera bien, au contraire, de recomposer peu à peu de sa main,
sur de grands cartons, les *tableaux* proprement dits, suivant
les indications données par nous pour chaque classe. C'est ainsi
que nous avons procédé nous-même, avec nos propres élèves ;
nous souhaitons aux enfants qui prendront la peine de refaire
sur leurs pas le même genre de travail, d'y trouver autant
de plaisir, d'y puiser autant de confiance dans leur intelligence, autant de docilité à l'égard de leur professeur. La pratique de ce petit livre exige d'eux, en effet, deux sentiments
sans lesquels mieux vaudrait cent fois ne pas abandonner les
sentiers battus ! Il faut d'abord qu'ils possèdent le désir de
se rendre compte, eux-mêmes, de l'intérêt que présentent les
études latines, des services qu'elles leur rendront dans l'acqui-
sition des langues, des méthodes sûres et puissantes dont elles
les aideront à se rendre maîtres dans toute espèce de travail
littéraire ou scientifique. Il faut, ensuite, qu'ils éprouvent
pour le maître des débuts, le professeur de Sixième chargé
du plus délicat de tous les enseignements, une respectueuse et,
par avance, reconnaissante sympathie. Beaucoup de livres
élémentaires semblent avoir pour ambition, sinon de rem-
placer le maître, tout au moins de lui éviter l'effort et la
recherche. Nous tenons à vous dire, chers enfants, que ce petit livre, au contraire, va demander, au professeur qui vous
le met entre les mains, beaucoup de travail et de réflexion
personnelle. Votre bon maître le sait ; il a choisi en toute
connaissance de cause cette méthode qui exige de sa part le
maximum d'efforts. Remerciez-le, non par des mots, mais
par des actes, en réjouissant par votre ardeur, votre exactitude, votre persévérance, son cœur paternel. Et le reste,
comme le méritent de bons et courageux élèves qui ne
« plaignent pas leur peine », vous sera donné par surcroît.

———————

SÉRIE PRÉLIMINAIRE

EXERCICES ÉLÉMENTAIRES

sur les trois premières déclinaisons,
le présent de sum *et celui d'*amo.

(14 heures.)(1)

I. — LES INSTRUMENTS DE TRAVAIL.

1re et 2e heures.

I. — **Tableaux de 0^m,33 × 0^m,25, sur carton très mince ou papier à dessin** (un peu plus grand, si l'on a une grosse écriture).

Il en faut deux, l'un pour les *déclinaisons*, l'autre pour les *pronoms*. On peut les mettre au *recto* et au *verso* du même carton.

On y recopiera peu à peu, d'après nos tableaux imprimés, et à mesure que les exercices l'exigeront, la 1re, puis la 2e, puis la 3e déclinaison, pour finir par la 4e et la 5e. On n'y inscrira pas la traduction française ; il faut que le tableau manuscrit reste clair et peu chargé.

A quoi bon, dira-t-on, se donner cette peine, du moment que vous nous fournissez des tableaux imprimés ?

(1) Ce chiffre de 14 heures est naturellement un *minimum* que nous avons établi pour mieux distinguer les chapitres.

Il ne faut pas hésiter à employer plus de temps et à diviser les leçons, si on le juge nécessaire. L'ordre reste toujours le même.

Pour deux raisons :

1° On ne retient bien *que ce qu'on écrit soi-même,* ce qui vous apparaît, sous le vêtement de votre propre écriture, comme l'image de votre pensée ;

2° On n'apprend sans effort que ce qu'on voit *peu à peu, successivement* s'ajouter aux connaissances précédentes. Mon collègue M. Géant, au temps trop lointain déjà où nous songions à son cahier de grammaire (1), me disait : « Je redoute toujours pour les élèves les chapitres trop compacts et les tableaux trop remplis, présentés d'un seul coup... Je veux leur éviter ce que les chirurgiens appellent le « choc opératoire ! » — Aussi tenait-il à tracer les grandes lignes de la syntaxe, à dessiner des cadres, sans les remplir ; c'est peu à peu, à mesure que la classe avance dans la lecture des auteurs, que les expressions viennent se ranger à leur place, dans l'ordre prescrit par le maître.

Il en sera de même des *tableaux* de noms, d'adjectifs et de pronoms. L'élève ne tracera d'abord que de grandes lignes bleues et rouges sur le carton blanc. Puis il y inscrira la leçon de chaque jour, à la colonne convenable, sans se soucier des larges espaces vides séparant les groupes de mots, comme la mer Jurassique ou la mer Crétacée entourent dans nos cartes géologiques les premières terres émergées ! C'est peu à peu que les îlots s'étendront jusqu'à se rejoindre, et permettront de combler ces lacunes voulues, prévues, en avançant à coup sûr du connu à l'inconnu. Lorsque, au cours du 4ᵉ ou du 5ᵉ mois, il noircira le dernier espace blanc (les quatre colonnes de noms irréguliers) du tableau de déclinaison, il comprendra pourquoi nous nous sommes si peu pressés ; et il se félicitera, suivant le mot de mon collègue, d'avoir par cette sage lenteur évité le choc opératoire !

II. — **Un cahier de 200 pages, ou deux cahiers de 100 pages chacun (2).**

La première partie est destinée au *vocabulaire,* la seconde à la grammaire. — Format des grandes copies.

(1) R. GÉANT, *Cahier de Latin.* Vuibert.
(2) Les miens sont de 100 pages ; l'un est consacré au vocabulaire, l'autre

Commencer par numéroter les pages. Nous avons fait ce travail en classe.

1. — Divisions du vocabulaire (pages 1-100).

A, p.	1-4	H	35-36	P	63-72
B	5-6	I	37-38	Q	73-74
C	7-16	J	39-40	R	75-78
D	17-20	L	41-46	S	79-88
E	21-22	M	47-54	T	89-92
F	23-30	N	55-58	U	93-94
G	31-34	O	59-62	V	95-100

2. — Divisions de la grammaire (pages 101-200).

[Remarquer que c'est le plan, non seulement de la grammaire, mais de toute grammaire humaine. Ce travail de classement, opéré *pour* et *par* le latin, sera le point de départ de toutes les études linguistiques. De même, le vocabulaire, constitué par *familles de mots,* donnera, avec la clé de la langue latine, celle de toutes les langues qu'on voudra apprendre par la suite. L'éducation latine, très utile par les connaissances positives qu'elle permet d'acquérir à peu de frais, l'est beaucoup plus encore par les sûres méthodes qu'elle permet de comprendre et d'appliquer.]

Tableau à recopier page 102 du cahier, et à savoir très bien par cœur. Réciter comme une mécanique la formule des sept propositions circonstancielles… sans les chiffres ! bien entendu :

1re partie : Étude des formes, p. 101
(page blanche avec titre).

Noms, 103. Adjectifs et pronoms, 107. Verbes, 115. Mots invariables, 121.

à la grammaire. Ils circulent constamment dans les familles : nous pouvons ainsi satisfaire deux élèves à la fois. — Ceux des enfants sont en général des cahiers uniques de 200 pages.

Ce travail qui, pour les jeunes enfants, doit être fait en classe, exige que le professeur y consacre au moins deux heures. C'est ainsi que nous l'avons fait nous-mêmes.

Dans la première heure, on trace au tableau les grandes divisions, que les élèves reproduisent sur leur carton individuel.

Dans la seconde, on fait numéroter les pages des cahiers et inscrire les divisions.

Les travailleurs plus âgés doivent s'y astreindre avec la même minutie. L'ordre matériel est la première condition du succès. Seul il permet d'éclairer la route à l'avance et de savoir à tout moment à quel point on est parvenu.

———

II. — LA PREMIÈRE DÉCLINAISON.
3e, 4e et 5e heures.

3e heure.

Interrogation sur la 1re déclinaison.

1. Qu'est-ce qu'une déclinaison?

La déclinaison est un système qui consiste à modifier la fin du nom, de l'adjectif ou du pronom ; elle indique par là le genre, le nombre et le rôle de ces termes dans la phrase.

2. Qu'est-ce que le radical et la désinence?

La dernière syllabe ainsi modifiée s'appelle *terminaison* ou *désinence*. Elle s'ajoute à une partie invariable qui est le corps du mot et s'appelle *radical* (de *radix*, racine).

Exemple : ros-a la rose.

3. Qu'est-ce que les cas? Énumérez-les.

Ce sont six manières de modifier la désinence au singulier, et six autres au pluriel.

On les appelle : nominatif, vocatif, accusatif, génitif, datif, ablatif.

4. Quels sont les cas de rosa?

Singulier.		Pluriel.	
Nominatif	ros-a, la rose	Nom.	ros-æ, les roses
Vocatif	ros-a, ô rose	Voc.	ros-æ, ô roses
Accusatif	ros-am, la rose	Acc.	ros-as, les roses
Génitif	ros-æ, de la rose	Gén.	ros-árum (1), des roses
Datif	ros-æ, à la rose	Dat.	ros-is, aux roses
Ablatif	ros-á, de ou par la rose	Abl.	ros-is, de ou par les roses

(1) Le signe vertical ı, sur les voyelles, indique *l'accent latin*. Nous ne le marquons, suivant l'usage, que dans les mots de plus de deux syllabes, les dissyllabes étant toujours accentués sur la première.

4ᵉ heure.

I. — Leçon.

Nouvelle récitation des réponses et de *rosa* — sous les trois formes. Contrôle du tableau sur lequel a dû être recopiée (moins les sens) la déclinaison de *rosa*.

II. — Thème oral.

ala, æ, l'aile	*musca*, æ, la mouche
l'aile	de la mouche
à l'aile	la mouche (complément
des ailes (dans deux sens	d'objet direct)
différents)	aux mouches
par les ailes	les mouches (c. o.)(1)

L'aile de la mouche. — Les ailes des mouches.
(Mettre le génitif d'abord.)

Historia, æ, l'histoire. — *Victoria*, æ, la victoire. — *Causa*, æ, la cause. — *Roma*, æ, Rome. — *Græcia*, æ, la Grèce. — *Et*, et.

L'histoire de Rome et de la Grèce.

Les victoires de Rome — par les victoires de Rome — des victoires (au génitif) de Rome.

Par la cause des victoires — par les causes de la victoire.

Remarque importante :

Bien distinguer *du*, *de la*, ou *des* « partitifs » (nominatif et accusatif) de *du*, *de la* ou *des* « compléments » (génitif ou ablatif).

(1) C. o. remplacera désormais les mots : complément d'objet direct.

III. — Thème écrit (à rapporter pour la 5ᵉ heure).

1. *glória, æ,* la gloire   *auróra, æ,* l'aurore
   à la gloire   les aurores (c. o.)
   la gloire (c. o.)   des aurores (deux sens)
   de *ou* par la gloire   aux aurores
   des gloires (deux sens :   à l'aurore
      nomin. et gén.)

        Les roses de l'aurore
        L'aurore de la gloire !
        Les ailes de la gloire

2. *státua, æ,* la statue   *justítia, æ,* la justice
   de la statue   la justice
   de *ou* par les statues   par les justices
   ò statue !   la justice (c. o.)
   les statues (c. o.)   de la justice

        La statue de la Justice
        Les victoires de la justice
        La justice de l'histoire !

Les élèves écriront avec soin státua, glória, sans oublier l'*u*, sans changer la place de l'*i* ; ils mettront un *t* et non un *c* à justítia. Ils compteront bien les syllabes au génitif pluriel d'*auróra*.

5ᵉ heure.

I. — Leçon.

1. Questions sur la déclinaison des mots *ala, musca, história, victória, causa, Roma, Grǽcia, glória, auróra, státua, justítia.* — 2. Déclinaison parallèle des formes suivantes :

Roma et Grǽcia   glória et justítia
Romæ victória   Justítiæ státua
glóriæ alæ   victoriárum causæ

II. — Exercice. Correction du thème écrit (*glória — státua*).

Sur le texte. Sans que l'élève interrogé regarde sa copie.

III. — LA DEUXIÈME DÉCLINAISON.
6ᵉ, 7ᵉ, 8ᵉ, 9ᵉ, 10ᵉ et 11ᵉ heures.

6ᵉ heure.

I. — Leçon.

Récitation de *dòminus, i* : 1. le maître ; 2. le Seigneur.

Quatre phases :

1° Cas ; latin ; français.   2° Latin ; français.   3° Latin seul (très vite).   4° Questions : du Seigneur — des maîtres (deux sens) — par le maître — au Seigneur — aux maîtres.

Dòmino — dominòrum — dòminis — Dòmine — dòminis — dòminos.

II. — Thème oral.

1. *annus, i* (m.)(1), l'année   *ventus, i*, le vent
de l'année (gén.)   des vents
l'année (c. o.)   les vents (c. o.)
à l'année   au vent
par les années   aux vents
des années   par le vent

Le vent de l'année   L'année des vents
Les roses de l'année   L'année des roses
L'année de la victoire   Les victoires de l'année
La cause des vents   Les causes du vent

2. *Paulus, i*, Paul   *filius, ii*, le fils
de Paul   du fils
Paul (c. o.)   aux fils
à Paul   les fils (c. o.)
par Paul   des fils
de Paul   du fils
ô Paul   par les fils

Adjectifs masculins : *magnus*, grand ; — *sanctus*, saint.

(1) m., masculin ; f., féminin ; n., neutre. Nous n'indiquerons le genre des mots que lorsqu'il sera différent en latin et en français.

Noms : *Petrus, i,* Pierre   *Jacóbus, i,* Jacques
Cárolus, i, Charles   *Ludovícus, i,* Louis
Pópulus, i, le peuple   *Filia, æ,* la fille

O grand... — Du grand. — O saint ! — De Saint Paul. — Saint Paul (c. o.). — *Ludovico Magno* (Inscription de la porte Saint Denis). — La gloire de Louis le Grand. — Charlemagne (en deux mots). — La justice de Charlemagne. — Aux victoires de Charlemagne. — O victoires de Charlemagne ! — Les statues de Saint Pierre et de Saint Paul. — Pierre, fils de Jacques. — A Saint Jacques. — De ou par Saint Jacques. — Le fils de Louis le Grand (nomin. et acc.). — Aux fils de Charlemagne. — Saint Charlemagne. — Le jour (*Dies*) de Saint Charlemagne. — Le peuple de Dieu. — L'histoire du peuple de Dieu.

7ᵉ heure.

I. — Leçon.

Récitation de *templum* par les quatre procédés.

II. — Correction du thème écrit :

murus, i, le mur	*Deus, i,* Dieu
du mur	*dei, deorum,* les dieux
par les murs	Dieu (c. o.)
le mur (c. o.)	par Dieu
au mur	les dieux (c. o.)
ô mur !	par les dieux

Les dieux de Rome et de la Grèce. — Les statues des dieux. — O statues des dieux ! — La gloire de Dieu. — A la gloire de Dieu.

Nilus, i, le Nil. — *Flúvius, ii,* le fleuve. — *Ægýptus, i* (f.), l'Egypte. — *Delta* (n.), le delta. — *Terra, æ,* la terre.

ô Nil !	ô fleuves !
au Nil	aux fleuves
le Nil (c. o.)	le fleuve (c. o.)
par le Nil	par les fleuves
du Nil	des fleuves (deux sens)

Le Nil, fleuve d'Egypte (*fleuve* est au même cas que le Nil ; c'est une apposition). — J'ai vu (*vidi*) le Nil, fleuve d'Egypte. — Le Nil, dieu d'Egypte. — L'Egypte, terre des dieux. — J'ai lu (*legi*) l'histoire de l'Egypte. — Les victoires de l'Egypte et de la Grèce.

8e heure.

I. — Leçon.

Récitation de *rosa, dominus* et *templum* par les quatre procédés.

Récitation de l'adjectif *bonus, a, um.*

Récitation du présent du verbe *sum.*

II. — Thème oral.

plumbum, i, le plomb	*ferrum, i,* le fer
au plomb	le fer
les plombs	du fer (deux sens)
par le plomb	aux fers
des plombs	les fers
du plomb (deux sens)	des fers

Metallum, i, le métal. — *Arma, orum,* les armes. — *Pretiosus, a, um,* précieux. — *Purus, a, um,* pur. — *Durus, a, um,* dur. — *Funestus, a, um,* funeste. — *Sæpe,* souvent (adverbe).

Le fer et le plomb sont des métaux. — Le fer est souvent un métal funeste. — Le fer et le plomb sont souvent des métaux funestes. — Des métaux purs (deux sens). — Du fer dur (deux sens). — Le fer n'est pas un métal précieux. — Les armes sont du fer. — Les armes sont funestes.

vinum, i, le vin	*vina, orum,* les vins
donum, i, le don	*dona, orum,* les dons
Bacchus, i, Bacchus	*Vulcanus, i,* Vulcain

Le fer est un don précieux de Vulcain. — Le vin est un don précieux de Bacchus. — Le vin est pur. — Les vins sont purs. — Les métaux sont durs. — Les vins sont souvent funestes. — De bon vin est bon ! — Les dons de Bacchus. — Les vins de Grèce, dons du dieu Bacchus. — L'Egypte est un don du Nil.

9ᵉ heure.

I. — Leçon.

Récitation de *glória, ventus* et *vinum*.

Récitation du présent de *sum*, du présent d'*amo*, j'aime et de *clamo*, je crie (*clamáre*, crier).

II. — Correction du thème écrit :

Vítium, ii, le vice ; — *vitia, órum*, les vices. — *Malum, i*, le mal ; — *mala, órum*, les maux. — *Inítium, ii*, le commencement. — *Aurum, i*, l'or. — *Argéntum, i*, l'argent. — *Etiam*, aussi.

L'or et l'argent sont souvent des maux, de grands maux. — Nous crions souvent : « De l'or ! De l'or ! » — Nous crions aussi : « Du vin ! Du vin ! » — Nous aimons le vin, don de Bacchus. — Nous n'aimons pas le fer et le plomb, dons de Vulcain. — Les métaux sont souvent des dons funestes. — Ils crient : « Des armes ! Des armes ! » — Ils aiment les vices funestes. — Vous aimez les métaux précieux, l'or et l'argent. — Les statues des dieux sont de l'argent et de l'or (attention au piège). — Les commencements du vice. — Le commencement des vices.

Exemple d'interrogation écrite.

Cet exercice doit être, au début, hebdomadaire.
1º Définition du *radical* et de la *désinence*.
2º Singulier de *rosa* (avec cas et sens).
3º Pluriel de *dóminus*   (idem).
4º Singulier de *templum* (avec le sens seulement).
5º Pluriel de *templa* (sans cas ni sens).

6° A la rose — des roses (gén.). — Le maître (acc.) — par les maîtres. — Au temple — ô temples !

7° Le temple du Seigneur. — Le maître des temples. — Les maîtres et les temples. — Le Seigneur dans (*in*, abl.) le temple.

10ᵉ heure.

I. — Leçon.

Récitation d'*ager* et de *puer*.
     —   du présent de *sum*.
     —   du présent d'*amo* et de *clamo*.

II. — Thème oral.

vir, viri, l'homme, le mari

socer, eri, le beau-père	*gener, eri*, le gendre
du beau-père	au gendre
le beau-père (c. o.)	par les gendres
les beaux-pères (c. o.)	des gendres
par les beaux-pères	aux gendres

Le beau-père du gendre et le gendre du beau-père. — Le gendre et la fille aiment le beau-père. — La fille du beau-père aime le gendre. — Le gendre aime la fille du beau-père. — Les murs du temple des dieux. — O murs des temples, vous êtes grands ! — O Dieu, tu es grand et saint. — Le Dieu de Saint Louis. — Nous aimons le Dieu de Saint Louis.

[Dans cette dernière phrase, mettre le verbe à la fin et le génitif, avant « Dieu ». S'habituer dès maintenant à l'ordre du latin.]

11ᵉ heure.

I. — Leçon.

Récitation de *sum, amo* et *clamo* au présent.
     —   d'*oro*, je prie, d'*adoro*, j'adore, et de *narro*, je raconte.

II. — Correction du thème écrit:

magister, tri, le maître	*liber, bri,* le livre
le maître (c. o.)	des livres (deux sens)
par le maître.	au livre
des maîtres (deux sens)	du livre
aux maîtres	les livres (c. o.)

Alexánder, dri, Alexandre

Discipulus, i, l'élève. — *Ætérnus, a, um,* éternel. — *Piger, gra, grum,* paresseux.

Les livres du maître et le livre des maîtres. — Les bons élèves aiment les bons maîtres. — Les maîtres n'aiment pas les élèves paresseux. — Les hommes libres. — Les hommes sont libres. — Les hommes libres de la Grèce adorent les dieux dans les temples. — J'adore l'Eternel dans le temple. — Elle est juste, elle est belle, la victoire d'un peuple libre. — Alexandre le Grand. — A Alexandre le Grand. — Les victoires d'Alexandre sont belles (Tourner: belles sont les victoires d'Alexandre). — Les enfants aiment, dans les histoires, la gloire d'Alexandre et de Charlemagne. — Nous adorons, dans les temples, la justice du Seigneur. — Les maîtres racontent aux enfants, dans l'histoire de la Grèce, les belles victoires d'Alexandre le Grand.

[Procéder de temps en temps à des *interrogations écrites.* Les travailleurs isolés devront y recourir plus souvent encore, pour se contrôler eux-mêmes.]

IV. — LA TROISIÈME DÉCLINAISON.
(12ᵉ, 13ᵉ et 14ᵉ heures.)

12ᵉ heure.

I. — Leçon.

Contrôle du tableau sur lequel ont dû être recopiées la 3ᵉ déclinaison des noms et les trois règles relatives à l'acc. sing. à l'abl. sing. et au gén. pluriel.

Récitation d'*avis* et de *cubile*.

Récitation du présent, de l'imparfait et du futur du verbe *sum*.

II. — Thème oral.

piscis, le poisson	*mare*, la mer
du poisson	à la mer
par le poisson	par la mer
des poissons (gén.)	des mers (gén.)
le poisson (acc.)	les mers
aux poissons	aux mers

Ala, æ, l'aile. — *Terra, æ*, la terre. — *Albus, a, um*, blanc. — *Niger, nigra, nigrum*, noir. — *Nidus, i*, le nid. — *Románus, a, um*, Romain.

Panis, is (m.), le pain. — *Collis, is* (m.), la colline. — *Finis, is* (m.), la fin. — *Vallis, is* (f.), la vallée. — *Navis, is* (f.), le navire. — *Classis, is* (f.), la flotte.

Do, das, je donne.

Un nid d'oiseau. — Des nids d'oiseaux (partitif). — Il donne du pain aux oiseaux. — L'aile des oiseaux. — Les ailes de l'oiseau.

La mer est la fin de la terre ; la terre est la fin de la mer. — Les ailes blanches des navires. — Les ailes noires des oiseaux. — Les victoires des flottes romaines. — O victoires des navires et des flottes romaines !

13e heure.

I. — Leçon.

Déclinaison d'*urbs* et de *dux*.

Indicatif du verbe *sum* (y compris le parfait, le plus-que-parfait et le futur antérieur).

II. — Correction du thème écrit :

mons, montis (m.), la montagne	*rex, regis*, le roi
la montagne (c. o.)	le roi (c. o.)
par la montagne	par le roi
des montagnes	des rois
de la montagne	du roi
à la montagne	au roi
par les montagnes	par les rois

Fons, tis (m.), la source. — *Pons, tis* (m.), le pont. — *Pes, pedis* (m.), le pied. — *Mors, tis* (f.), la mort. — *Nox, noctis* (f.), la nuit. — *Pars, partis* (f.), la partie. — *Vox, vocis* (f.), la voix. — *Lux, lucis* (f.), la lumière.

Stella, æ, l'étoile. — *Diabolus, i*, le diable. — *Henricus, i*, Henri. — *Lutetia, æ*, Lutèce, Paris.

[Remarquer que le génitif en *ium* est celui des mots dont le radical est terminé par deux consonnes.]

« Le roi des Montagnes » est un bon livre. — La statue du bon roi Henri est sur un pont de Paris. — Une voix crie dans la nuit. — Une partie des nuits. — O lumière du ciel ! — A pied (trad : par les pieds). — Sur le pont. — Dans la source. — Morbleu ! [par (*per*, acc.) la mort de Dieu]. — Le pont du Diable. — Sur le pont du Diable. — Il était nuit noire. — O blanche lumière ! — Blanches lumières des étoiles !

Il était — il sera — tu fus — ils furent (deux formes) — vous aviez été — nous aurons été — ils auront été — ils ont été — ils étaient — ils seront — vous serez — vous aurez été — vous avez été.

14ᵉ heure.

I. — Leçon.

Déclinaison de *consul* et de *fulgur*.
Indicatif du verbe *amo*, en entier.
Les mots du thème et de la note ; les expressions.

II. — Exercice oral.

dolor, óris (m.), la douleur	*mármor, oris* (n.), le marbre
par la douleur	le marbre (c. o.)
la douleur (c. o.)	par le marbre
les douleurs	des marbres
des douleurs	les marbres
par les douleurs	par les marbres

Virtus, virtútis (f.) : 1. courage ; 2. vertu. — *Imágo, ginis* (f.), l'image. — *Légio, ónis* (f.), la légion. — *Régio, ónis*, la contrée. — *Cor, cordis* (n.), le cœur (l'organe physique). — *Nómen, nóminis* (n.), le nom. — *Hómo, hóminis* (m.), l'homme. — *Corpus, oris* (n.), le corps. — *Tempus, oris* (n.), le temps. — *Uxor, óris*, l'épouse.

Un verset de psaume (sens moral de *cor* particulier au latin ecclésiastique) :

Bonum vinum lætíficat cor hóminum !
Le bon vin réjouit le cœur des hommes.

Une exclamation de moraliste :

O témpora ! O mores ! O temps ! O mœurs !

Un terme familier :

Nomen canis, le nom d'un chien.
Canis nómine, par le nom d'un chien.
Canum nómina, des noms de chiens.
Medor, canis nomen, Médor, nom d'un chien.

Douleurs des hommes ! Douleurs des épouses ! — Le temps de la douleur. — La douleur des temps. — Les douleurs du temps. — Je n'aime pas l'image de la douleur. — Par les douleurs du corps. — A la douleur des corps. — La douleur est souvent sœur de la vertu. — Le courage est grand dans les grandes douleurs. — Le mari de l'épouse. — L'épouse du mari. — La mort d'une épouse est une grande douleur. — Par la mort d'un mari les douleurs sont grandes. — Les victoires des légions romaines. — Les légions sont l'image du courage romain. — La gloire des légions, image du courage romain.

[Ne pas oublier qu' « image » est une apposition.]

Rapporter ce thème par écrit.

PREMIÈRE SÉRIE D'HISTOIRE

L'AGE DES PASTEURS

Déclinaison entière. *Sum, amo, dèleo, lego, cápio, aúdio.*
Quelques pronoms.
Huit leçons de trois heures chacune.

I

PASTEURS ET LABOUREURS

La mort d'Abel.

1ʳᵉ heure.

I. — Leçon.

Troisième déclinaison entière. Les trois règles. Déclinaison de *manus.*
Subjonctif du verbe *amo.*

II. — Emploi de la classe.

Composition du cahier de vocabulaire et de grammaire.

A partir d'aujourd'hui, tous les mots seront portés dans le cahier dont nous avons établi dès le début les divisions. Il est inutile d'y mettre les termes appris jusqu'ici, puisque nous les avions choisis presque toujours semblables aux mots français. Même parmi ceux des versions à venir, il faudra souvent choisir, ne pas s'encombrer des expressions qui se gravent facilement dans la mémoire, et n'écrire que l'essentiel.

Voici les règles qu'il faut s'imposer, pour que le cahier soit clair et les mots bien groupés :

1. Distribuer les *mots-racines*, dans le vocabulaire, et les *exemples*, dans la grammaire, de telle manière qu'ils se succèdent à des intervalles raisonnables. Nous indiquerons, pour commencer, les pages et les lignes, jusqu'au moment où le lecteur aura pris l'habitude de mesurer ses distances.

2. Écrire le *mot simple* dans la marge, les *mots composés* ou *dérivés* à droite de la marge, afin que le *chef de famille* se distingue bien de la famille.

3. *Souligner les mots et expressions latines*; ne pas souligner les traductions.

4. Inscrire avec soin les *numéros* qui indiquent la filiation du sens, mais ne jamais les réciter dans les leçons. Ils empêcheraient les sons de se lier dans la mémoire. Dire par exemple : *ager*, champ, territoire, et non : *primo :* champ, *secundo :* territoire.

Mots et expressions de la version 1.

Vocabulaire. (Mots à distribuer dans le cahier, de la page 1 à la page 100.)

Noms : *Hora, æ,* l'heure, p. 36(1), m. — *Vita, æ,* la vie, p. 98, m. — *Ager, agri :* 1. le champ ; 2. le territoire, p. 2, m. — *Agricola, æ* (m.), le laboureur. — *Donum, i* (n.), le don, p. 19, l. 2. — *Sacrificium, ii* (n.), le sacrifice, p. 79, m. — *Ovis, is,* la brebis, le mouton — *ovium,* des moutons, p. 62, l. 6, b.

Nex, necis, mort violente, p. 55, l. 8, b.

Neco, as, cāvi, cātum, cāre, tuer [Verbe de la famille de *nex, necis,* à porter dans le cahier *contre la marge,* tandis que l'on écrira *nex,* le mot racine, à la ligne d'au-dessus, *dans la marge.* — Même disposition pour *ager* et *agricola.* Il faut que le mot chef de famille se détache nettement des autres].

Pastor, ŏris, le berger — *pastōrum,* des bergers, p. 63, m.

---

(1) *Signes conventionnels :* p. 2, m. = page 2, au milieu de la page. — p. 2 (sans autre indication) = p. 2, première ligne. — p. 2, l. 6 = ligne 6 en partant du haut. — p. 2, l. 6, b. = ligne 6 en partant du bas.

[*Pastòrum*, comme *òvium*, devra être écrit sur la même ligne que le nominatif et récité aussitôt après lui dans les leçons. On s'habituera ainsi à ne pas commettre d'erreurs sur les génitifs pluriels].

Frater, fratris, le frère, p. 28, l. 3, b. — *Sánguis, uinis*, le sang, 68, m. — *Fructus, ûs*, production ; fruits de la terre, p. 29.

Adjectifs : *Æquus, a, um :* 1. égal ; 2. juste, équitable, p. 2, m.

Æquitas, àtis : 1. égalité ; 2. équité.

Iniquitas, àtis : 1. inégalité ; 2. iniquité.

Miser, misera, miserum, malheureux, p. 49, l. 4, b.

Grammaire.

Mots à inscrire au tableau des pronoms-adjectifs (d'après le tableau imprimé n° 2) :

Adjectifs possessifs : *meus, tuus* et *suus.*

Adjectif et pronom indéfini : *is, ea, id.*

Mots à répartir dans le cahier, de la page 101 à la page 200 :

Adverbes (p. 121) : *autem :* 1. or ; 2. mais. — *ergo*, donc.

Adverbes interrogatifs (p. 122) : *ubi?* où ?

Négation (p. 122, l. 12) : *non*, ne pas.

Prépositions : Gouvernant l'accusatif (p. 123) : *ad*, vers. — *usque ad*, jusqu'à.

Gouvernant l'ablatif (p. 124) : *de :* 1. du haut de ; 2. au sujet de.

Conjonctions de coordination (p. 126) : *et*, et.

2ᵉ heure.

I. — Leçon.

Manus, cornu, dies.

Indicatif de *sum, amo, deleo.*

Participe présent d'*amo.*

N. B. — Éviter la confusion entre les imparfaits : *erant, amàbant, delèbant.*

II. — Version 1 (Texte à traduire par écrit) :

[Les verbes peuvent être sous-entendus dans une seconde proposition.]

1. Abél fuit — pastor óvium — et Caïn agricola.

2. Pastor oves Dómino óbtulit (*offrit*), Caïn autem fructus terræ.

3. Dómino placuérunt (*plurent*) sacrificiá pastóris ; — agricolæ dona non placuérunt.

4. Caïn irátus (*irrité*) necávit fratrem suum Abel.

5. Et Dóminus ait (*dit*) — ad Caïn : — « Ubi est Abel — frater tuus ? »

6. « Vox sánguinis — fratris tui — clamat ad me — de terrâ. »

7. Caïnque dixit (*dit*) Dómino — « Magna est — iníquitas mea. »

8. Et vita ejus — fuit misera — usque ad mortis horam.

Il est très important de disposer les expressions sur la copie suivant la vieille méthode *interlinéaire*. La disposition *juxtalinéaire*, qu'un de nos vieux maîtres appelait « .le mot-à-mot en bâtons », ne laisse pas assez de place pour allonger au besoin les expressions jusqu'à cinq ou six mots. La division de la phrase en *groupes de mots*, en *expressions naturelles*, est si importante qu'il faut s'y habituer dès le premier jour.

Voici le modèle :

Le latin est écrit à l'encre rouge, le français à l'encre noire, et on laisse une ligne blanche d'intervalle entre chaque couple latin français :

Abel fuit
Abel fut

pastor óvium
pasteur de brebis

et Caïn
et Caïn

(fuit) agricola
laboureur.

L'ordre, ainsi, saute aux yeux :
et à l'ordre matériel correspond l'ordre intellectuel.

Bientôt, on écrira trois, quatre, ou cinq mots par ligne (rarement davantage), ce qui permettra de traduire expression par expression et de substituer presque sans intermédiaire le gallicisme au latinisme.

3ᵉ heure.

I. — Leçon.

Fortis et *prudens.*
Subjonctif de *sum* et d'*amo.*
Première récitation du cahier.

II. — Thème 1.

(Complément du nom. Attribut. Complément d'objet direct.)

1. La brebis du pasteur. — Les brebis des pasteurs. — Abel était pasteur.

2. Caïn était — le frère d'Abel. — Le frère de Caïn — fut pasteur. — Le frère d'Abel était laboureur.

3. Les laboureurs n'aiment pas — les moutons des pasteurs. — Les moutons nuisent — aux champs. — Les pasteurs sont souvent pillards.

4. Mon frère — de ton frère — à son frère — par tes frères — de mes frères — à tes sœurs — de ma sœur — de ses sœurs.

(Mettre le possessif après le nom.)

5. La voix du sang ! — Par la voix du sang. — La voix d'Abel — criait — sur la terre — vers le Seigneur. — Abel aimait — son frère. — Mais Caïn — n'aimait pas Abel — et le tua (tournez: tua lui).

Mots du thème 1.

Præda, æ (f.): 1. proie ; 2. butin ; — *prædátor, óris* (m.), pillard.

Nóceo, es, cui, cére, nuire (datif).

Ne pas manquer d'ajouter aux *mots* inscrits sur le cahier les *expressions* sur lesquelles les élèves commettent des fautes, dans le thème oral ou écrit.

La *faute commise* est pour nous le plus précieux des guides. La nature nous-dit, par elle : « Attention ! Voici une mauvaise habitude en train de naître ! Arrache l'herbe naissante ! Bouche la fissure où ce chiendent prendrait racine ! »

Par exemple, on a commis un barbarisme au génitif pluriel de *pastor*. Nous écrivons dans le cahier, à droite de ce terme, à la ligne en-dessous :

pastórum oves, les brebis des pasteurs.

Second exemple : On s'est trompé sur *in*, dans la phrase n° 5 ; on a dit : *in terram,* comme s'il y avait mouvement. Nous écrirons, à la préposition *in,* suivie de l'ablatif sans mouvement, page 125, un autre mot de la bible :

Vox clamántis in desérto, la voix de celui qui crie dans le désert.

En vertu de la loi de l'association des idées, on retient mieux deux formes qu'une seule, et trois formes que deux, lorsqu'elles sont *bien liées.* Notre cahier de vocabulaire doit devenir un *cahier d'expressions* au moins autant qu'un cahier de mots. C'est l'*idiotisme* qui permet de comprendre le génie d'une langue.

En même temps, et dès le début, il faut s'attacher à traduire le *latinisme* par le *gallicisme* et souder à l'*idiotisme* latin le plus antique l'idiotisme français le plus moderne, le plus vivant, le plus hardi ! Que le mot à mot barbare, que le traditionnel « français de version latine » soient tués dans l'œuf par cette méthode attentive, et que les moindres notes constituent une leçon de goût non moins que d'exactitude.

———————

II

EN CHALDÉE

Vers l'an — 3 000.

1re heure.

I. — Leçon.

Acer et *vetus*. Les trois règles.
Fin de *sum* et d'*amo*.
Deuxième récitation du cahier.

II. — Répartition des mots de la version 2.

Noms: *Stella, æ,* l'étoile.
Flúvius, ii, le fleuve. — *Númerus, i,* le nombre. — *Oculus, i,* l'œil.
Pratum, i (n.)(1), le pré. — *Arméntum, i* (n.), le troupeau (de grands animaux). — *Astrum, i,* l'astre.
Bos, bovis, le bœuf. — *Homo, hóminis,* l'homme (en général). — *Mensis, is,* le mois. — *Nomas, nómadis,* le nomade.
Rátio, ónis (f.): 1. calcul, 2. compte. *Ratiónem réddere,* rendre compte.
Pecus, pécoris (n.), le troupeau (de petits animaux), *pécora, pécorum,* les troupeaux.
Caput, cápitis (n.), la tête. — *Mare, maris* (n.), la mer.
Nomen, nóminis (n.), le nom.
Campus, Mesopotámia nómine, une plaine, la Mésopotamie par le nom. Une plaine nommée Mésopotamie.
Cursus, ûs, (m.), la course.

Verbes: *Do, das, dedi, datum, dare,* donner.
Laudo, das. dávi, dátum, dáre, louer.
Páteo, es, ui, ére : 1. être ouvert ; 2. s'étendre.
Vídeo, es, vídi, visum, vidére, voir.

Veni, vidi, vici, je suis venu, j'ai vu, j'ai vaincu (César).
Fúlgeo, es, fulsi, fulsum, fulgére, briller.
Fulgens, fulgéntis, brillant.

Mots invariables : *Adverbes :* p. 121 du cahier, *étiam,*
aussi — *tandem,* enfin ; — p. 146, *semper,* toujours ; —
p. 147, *inde,* de là.

Indiquer, en se reportant à la grammaire, les quatre
questions de lieu et noter *inde* à la question *unde* (lieu d'où
l'on vient).

Conjonctions : p. 179, l. 5, aux circonstancielles de *temps :*
cum ou *quum,* lorsque.

2ᵉ heure.

I. — Leçon.

Troisième déclinaison : noms et adjectifs.
Subjonctif, infinitif et participe de *déleo.*
Troisième récitation du cahier.

II. — Version 2.

1. Pastóres — fuérunt semper — nómades. — Nam, quum
boves et oves — herbam edérunt (*ont mangé*), — in vastis
campis — errant — et in novis pratis — pascúntur (*ils
paissent*).

2. Inter Mediterráneum mare — et Euphrátem flúvium —
vasti campi — patébant. — Inter Euphrátem et Tigridem —
patébat fértilis campus, — Mesopotámia nómine.

3. In Mesopotámiâ — erant Chaldǽi. — Cum arméntis
et pecóribus — errábant, — et imménsum cœlum — super
cápita sua vidébant.

4. Oculos — ad astra fulgéntia — tollébant (*levaient*). —
Nómina stellis dabant — et cursum eárum observábant.

5. Inde númeri — et ratio numerórum. — Inde etíam
annus — in duódecim (*douze*) menses — divísus (*divisé*) ; —
inde tandem dies (*les jours*) et horæ.

La correction orale se fait de la manière suivante :

1. Chacun a sous les yeux le *texte* et la copie corrigée. Seul, celui qui explique la phrase s'abstient de regarder sa copie ; il explique sur le *texte*, sans secours extérieur.

2. Chaque phrase est expliquée trois fois, par un bon élève, puis par un moyen, enfin par un mauvais.

3. On explique *expression par expression*, par la même méthode que dans les copies écrites.

4. Un élève va faire au tableau l'*analyse* grammaticale et logique d'une phrase ; en quatre colonnes :
L'expression latine | anal. gramm. | fonction | expr. française.

5. S'il reste du temps, exercices oraux d'analyse sur les autres phrases.

3ᵉ heure.

I. — Leçon.

Ajouter au tableau *fortis* et *prudens*.

II. — Thème 2.
[à faire oralement, sous forme de concours,
et à rapporter ensuite par écrit.]

Les bœufs des laboureurs étaient dans les prés. — Les brebis des pasteurs aimaient l'herbe des prés. — Les moutons détruisaient les champs des laboureurs. — Les nomades ont toujours erré dans les vastes plaines. — Les astres brillaient dans le ciel. — Les pasteurs Chaldéens levaient les yeux vers eux. — Ils observaient les étoiles et la course des astres. — Ils levaient souvent les yeux vers les étoiles. — Ils louaient les étoiles, levant les yeux vers elles. — Les étoiles racontent la gloire de Dieu. — Les élèves n'aiment pas le calcul des nombres. — Les Chaldéens ont donné aux hommes l'année, les douze mois de l'année, les jours du mois et les heures du jour. — Douze mois sont dans l'année et trente *(triginta)* jours dans le mois.

III

ABRAHAM, D'UR EN CHALDÉE

Organisation des leçons en six parties :

JOUR.	LEÇON.	TABLEAUX ET VERBES.
1er	I	1re, 2e, 4e et 5e déclinaison des noms et des adjectifs. Vocabulaire : 1re moitié, p. 1-50.
2e	II	3e déclinaison : noms (et bientôt : adjectifs). Vocabulaire : 2e moitié, p. 51-100.
3e	III	Tableau des pronoms et cahier de grammaire.
4e	IV	Verbe et 1re moitié du vocabulaire.
5e	V	Verbe et 2e » »
6e	VI	Verbe et cahier de grammaire.

7e Interrogation écrite.

Ainsi se trouve établi un cycle qui permettra assez long-temps de tout revoir en une semaine.

1re heure.

Leçon I.

Vocabulaire.

Ajouter, dans le cahier, au mot *dives* (au-dessous et un peu à droite) : *divitiæ, árum,* les richesses.

Avus, i : 1. grand père ; 2. ancêtre. — *Psalmus, i,* le psaume. — *Cœlum, i :* 1. ciel ; 2. climat.

Exémplum, i, l'exemple.

Chaldæórum exémplo, à l'exemple des Chaldéens.

Sidus, sideris, la constellation — *sidera, um,* les constella-tions.

Cœlum et sidera consideravérunt, ils observèrent le ciel et les astres.

Multus, a, um, nombreux.

Multi hómines, de nombreux hommes, beaucoup d'hommes.

[Nous ne donnerons plus les numéros des pages que pour

la grammaire. L'élève jugera facilement lui-même la place où il convient d'écrire le mot dans l'ordre alphabétique.]

Dives, dívitis, riche.

Dives agris, riche en terres.

Verbes: *Narro, as, ávi, átum, áre,* raconter.

Cœli enárrant glóriam Dei, les cieux racontent la gloire de Dieu.

Grammaire.

Prépositions: p. 123, *ante,* avant (accusatif).

Version 3.

1. Hebrǽi — Chaldæórum exémplo — cœlum et sídera — consideravérunt. — In multis locis — psalmi laudant — « cœlos qui enárrant — glóriam Dei ». —

2. Abrahám fuit — patriárcha, — Hebræórum avus. — Pátria ejus — erat Ur, — in antíquà Chaldǽà. — Uxor ejus — erat Sara. —

3. Arménta et pécora — erant patriarchárum divítiæ. — Pastóres — in tabernáculis — habitábant. —

4. Dóminus vocávit Abrahám (*indéclinable*) — in terram Chanaán. — Terra Chanaán, — quam Abrahám habitávit, — fuit — pópuli Israël pátria. —

5. Filius Abrahám — fuit Isaác, — et filius Isaác fuit Jacób. — Abrahám, Isaác et Jacób — fuérunt avi pópuli Israël — quem vocámus étiam Hebrǽum.

2ᵉ heure.

Leçon II.

Vocabulaire.

Fílius, ii, le fils. — *Pópulus, i,* le peuple. —*Hebrǽi, orum,* les Hébreux. — *Tabernáculum, i,* la tente. — *Pater, tris,* le père.

Au mot *jus, juris* (n.), le droit: *justus, a, um,* conforme au droit, juste.

Au mot *vénio : advéntus, ús,* l'arrivée.

Magnus, a, um, grand. — *Pius, a, um,* pieux. — *Hábito, as, ávi, átum, áre,* habiter. — *Oro, as, ávi, átum, áre,* prier, et son composé *adóro,* adorer. — *Voco, as, ávi, átum, áre,* appeler. — *Vénio, is, véni, véntum, veníre,* venir.

Thème 3.

I. — Attribut au même cas que le sujet. — Complément déterminatif au génitif. — Nom en apposition au même cas que le nom.

Isaac était fils du patriarche Abraham. — Abraham était le père d'Isaac, son fils.

L'ancêtre des patriarches Isaac et Jacob est Abraham, homme pieux et juste.

Le patriarche Isaac fut le père du patriarche Jacob, homme juste et bon.

II. — Adjectif épithète et adjectif attribut s'accordant en cas, en genre et en nombre avec le nom.

Les beaux troupeaux des pasteurs.
Les troupeaux d'Abraham étaient nombreux.
Les tentes des patriarches étaient grandes.

III. — Sujet au nominatif et complément d'objet à l'accusatif. — Apposition française avec *de* explétif.

Le Seigneur a aimé Abraham et les fils de celui-ci.
Isaac et Jacob ont adoré le Seigneur.
Le peuple d'Israël a toujours loué, loue et louera toujours le Seigneur.

IV. — *In,* dans, et l'ablatif (sans mouvement). — Phrases composées de trois ou quatre expressions.

Les pasteurs contemplaient la nature — dans les plaines de la Chaldée — et louaient les étoiles — racontant la gloire de Dieu.

Avant l'arrivée des pasteurs Hébreux, — des peuples laboureurs — habitaient la terre de Chanaan.

Il y aura, cette fois, avantage à ne pas faire le thème en

classe. Les élèves, obligés de le composer seuls, à domicile, commettront des fautes utiles au correcteur.

Éclairé par les fautes, le professeur fera porter, comme nous-mêmes, ces *exemples* sous leur forme correcte, suivis de la traduction, aux pages 133 (syntaxe d'accord), 137 (syntaxe de complément), 136 (apposition).

Ainsi se complétera la *grammaire*, indispensable complément du vocabulaire, et assidûment récitée, comme lui, au jour spécial que nous lui consacrons.

Beaucoup d'enfants persistent assez longtemps à mettre des sujets à l'accusatif, des compléments d'objet au nominatif... On fera souvent réciter ces petites phrases, prises comme paradigmes.

IV

LE DIEU D'ABRAHAM

Ego sum.
Je suis celui qui est.
(*Genèse,* XVII, 4.)

1re heure.

Leçon III.

Vocabulaire.

Mots à répartir : **Noms :** *Gens, gentis :* 1. race ; 2. famille ; 3. nation.

Gentes, ium, les nations.

Eris pater multárum géntium, tu seras le père de beaucoup de nations.

Arabes, um, les Arabes.

Nepos, ôtis : 1. petit-fils ; 2. descendant.

Súspice cœlum et númera stellas : sic erunt nepótes tui, regarde le ciel et compte les étoiles : ainsi seront tes descendants.

Mater, tris, la mère.
Discîpulus, i, l'élève.

Adjectifs: *Altus, a, um,* haut.
Piger, gra, grum, paresseux.
    Impiger, gra, grum, actif.

Verbes: *Numero, as, àvi, àtum, àre,* compter.
Hàbeo, es, hàbui, itum, habére, avoir.
Tego, is, texi, lectum, tègere: 1. couvrir; 2. protéger.
    Protéctor, òris, protecteur.

Grammaire.

Pronom et adjectif interrogatif: *quis, quæ, quid,* ou *quod.*
A copier sur le tableau des pronoms.

Mots invariables: *Adverbes,* p. 121:
    sic, ainsi; — *sed,* mais; — *sæpe,* souvent.

Prépositions, p. 123: Gouvernant l'accusatif: *post,* après.

Version 4.

1. Nam Dóminus — díxerat *(avait dit)* ei — : « Ego sum — protéctor tuus. » — Abrahàm respónderat *(avait répondu)* — : « Dómine, — quid dabis mihi? »

2. Et Dóminus dixit *(dit)* — : « Súspice *(regarde)* cœlum — et númera stellas. — Sic erunt — nepótes tui. »

3. « Eris pater — multàrum géntium. — Ero Deus tuus — et Deus nepótum tuórum — post te. »

4. « Dabóque tibi — et nepótibus tuis — terram Chanaàn — et ero Deus eórum. »

5. « Sara uxor — dabit tibi — filium — vocabisque eum Isaàc. »

6. Duos filios — Abrahàm hàbuit, — Ismaël et Isaàc. — Isaàc fuit — pater Jacòb — quem vocàmus étiam — Israël.

7. Isaàc fuit avus — pópuli Israël. — Ismaël autem fuit avus — Arabum.

2e heure.

Leçon IV.

Verbes *sum* et *amo*.

Thème 4.
Complément du nom au génitif. — Apposition.

I. — Attribut-nom, au même cas que le sujet.

Dieu fut le protecteur du patriarche Abraham. — Abraham fut le père de beaucoup de nations. — Je serai le Dieu de tes descendants. — Isaac était le fils d'Abraham et Sara l'épouse de celui-ci. — Le Seigneur fut aussi le protecteur des descendants d'Abraham. — Abraham et Isaac furent les ancêtres du peuple d'Israël.

II. — Adjectif attribut et adjectif épithète

s'accordant en cas, en genre et en nombre avec le nom.

Les enfants sont souvent paresseux. — Les homme ne sont pas toujours actifs. — Les fils des hommes courageux sont souvent courageux. — Les ancêtres des Arabes ont toujours été pasteurs. — Les pasteurs sont souvent paresseux. — Les laboureurs sont actifs. — Les étoiles sont hautes dans le ciel. — Les constellations sont nombreuses.

3e heure.

Fin du thème et interrogation écrite.

III. — Sujet au nominatif et complément d'objet à l'accusatif. (Confusion constamment commise par les débutants.) — In et l'ablatif sans mouvement.

Les patriarches comptaient les étoiles dans le ciel de la Chaldée. — Le Seigneur a donné au peuple d'Israël la terre de Chanaan. — Les bonnes épouses donnent des fils aux nations courageuses. — Les nations paresseuses n'ont pas beaucoup de fils. — Les maîtres n'aiment pas les enfants paresseux. — Mais ils aiment les élèves actifs et courageux. — Les élèves paresseux n'aiment pas leur maître. — Que donna Dieu au patriarche Abraham? — Il lui donna de nombreux descendants. — Qui aimez-vous? — J'aime mon père et ma mère. — Un père aime un fils travailleur ; il aime, mais ne loue pas un fils paresseux. — Le maître raconte à ses élèves l'histoire des Hébreux.

IV. — Répondre en latin aux questions suivantes.
Répéter le verbe dans chaque réponse.

Quid narrat púeris magister? — Quid dedit Abrahám Dóminus? — Quos dant bonæ matres pátriæ? — Quid dedit Dóminus pópulo Israël? — Quis amat patrem suum? — Quem amat pater?

Interrogation écrite.

1. Ils aimeront	11. Que je détruise
2. Ils auront aimé	12. Qu'ils détruisissent
3. Qu'ils aient aimé	13. Ils détruiront
4. Aime	14. Détruisant
5. Devoir aimer	15. En détruisant
6. D'aimer	16. Avoir détruit
7. Que vous eussiez aimé	17. Tu as détruit
8. Qu'il aimât	18. Qu'il ait détruit
9. Ils ont aimé (trois formes)	19. Que tu eusses détruit
10. Vous aimâtes	20. Détruisez

Les élèves s'exerceront à l'avance sur ce texte, qui a été traduit sans faute par un certain nombre des nôtres. — Les professeurs n'en seront pas gênés, puisqu'ils peuvent aisément modifier temps, modes, nombres et personnes, et proposer plusieurs fois la même épreuve sans se répéter.

———

V

LA RELIGION DES PASTEURS

« Le désert est monothéiste. »

1re heure.

Leçon V.

Verbe *lego.*

Vocabulaire.

Noms: *Grátia, æ :* 1. faveur ; 2. crédit ; 3. reconnaissance.

Grátias álicui ágere, adresser à quelqu'un des remerciements.

Európa, æ, l'Europe. — *América, æ,* l'Amérique.

Campus, i (m.), la plaine.

Noter au-dessous, en laissant une ligne blanche, *castra, órum,* le camp, — et un exemple :

castra sunt in campo, le camp est dans la plaine.

Idólum, i (n.), l'idole.
Simulácrum, i (n.): 1. image ; 2. statue (d'un dieu).
Opus, eris (n.), l'ouvrage.

Simulácra géntium argéntum et aurum, ópera mánuum hóminum, les idoles des nations sont de l'argent et de l'or, œuvres des mains des hommes.

Guttur, uris (n.), le gosier — *Gúttura, urum,* les gosiers.
Os, oris (n.): 1. bouche ; 2. visage.
Ortus, ús, le lever.

Solis ortus, le lever du soleil.

Adjectif: A *laudo : laudábilis, e,* louable.
Laudábile nomen Dómini, le nom du Seigneur est louable.

Pronoms : Porter au tableau n° 2 :

les pronoms et adjectifs : *noster* et *vester* ;

le pronom relatif *qui, quæ, quod.*

Verbes : *Ambulo, as, àvi, àtum, àre :* 1. se promener ;
2. errer.

Clamo, as, àvi, àtum, àre, crier.

Hòrreo, es, hòrrui, horrère (accus.), avoir horreur de.

Cado, is, cècidi, casum, càdere, tomber.

    Casus, ùs : 1. chute ; 2 [laisser en blanc la place du
second sens, et attendre pour le noter qu'on l'ait rencontré
dans un texte].

    Occàsus, ùs, le coucher (du soleil).

    A solis ortu usque ad occàsum, depuis le lever du soleil
jusqu'à son coucher.

Cano, is, cècini, cantum, cànere, chanter.

Lego, is, legi, lectum, lègere : 1. choisir ; 2. cueillir ; 3. lire.

[Ici, nous préférons, au contraire, noter tout de suite les
trois sens principaux, parce que le plus usité se trouve être
le troisième. La règle est de retenir d'abord le *sens primitif ;*
mieux vaudrait ne savoir que lui, que d'apprendre au hasard
les sens dérivés.]

Tollo, is, sùstuli, sublàtum, tòllere : 1. lever ; 2. enlever (1).

Grammaire.

P. 122. *nunc*, maintenant. — P. 123. *erga*, envers (acc.).
— P. 124. *a* ou *ab* (abl.), en s'éloignant de, en partant de :
1. de ; 2. depuis ; 3 [à laisser en blanc].

P. 126. *itaque*, c'est pourquoi.

P. 146. *longe*, longtemps, — *sæpe*, souvent.

P. 126. *ut* ou *sicut*, comme.

---

(1) Les verbes de la 3ᵉ conjugaison commencent à peine à figurer dans
nos leçons ; ils seront prudemment exclus des prochains thèmes ; mais il n'y
a pas d'inconvénient à en apprendre dès aujourd'hui les temps primitifs
dans le cahier. — Nous avons dû substituer *tòllere* au verbe de la *Vulgate*
levare, pour ne pas trop nous éloigner de l'usage classique. On peut en
négliger aujourd'hui le parfait et le supin.

Version 5.

1. Magna ergo — fuit — pópuli Israël grátia erga Dóminum. — Canébat enim — : « Quis est — sicut Dóminus Deus noster — qui in altis hábitat? »

2. Longe ante advéntum — pópuli Israël — in terram Chanaán — Hebrǽi canébant : — « A solis ortu — usque ad occásum — laudábile [est], nomen Dómini. »

3. Idóla — horrébat Israël. — Itaque in psalmo CXIII — légimus : « Simulácra géntium — [sunt] — argéntum et aurum, — ópera mánuum — hóminum.

4. « Os habent — et non loquéntur (*parleront*). — Oculos habent — et non vidébunt. »

5. « Aures habent — et non áudient (*entendront*).. — Nares habent — et non odorábunt.

6. « Manus habent — et non palpábunt. — Pedes habent — et non ambulábunt. — Non clamábunt — in gútture suo. »

7. Nam pastóres — in desérto — óculos ad astra tolléntes — unum Deum — adorábant, — factórem (*créateur*) cœli et terræ.

2ᵉ heure.

Leçon VI.

Verbe *capio*. — Différences entre *lego* et *cápio*, à réciter mot à mot.

Thème 5.

I. — Attribut-nom. — Complément au génitif. — Apposition.

Le peuple d'Israël a été un grand peuple (1). — Le Dieu d'Israël est encore maintenant le Dieu des peuples de l'Europe et de l'Amérique. — Une idole est l'œuvre de la main de

---

(1) Adjectifs et verbes à employer, sans qu'il soit nécessaire de les inscrire dans le cahier :

immènsus, a, um, immense ; — *surdus, a, um*, sourd ; — *mutus, a, um,* muet ; — *purus, a, um*, pur ; — *pius, a, um*, pieux ; — *impius, a, um*, impie ; — *Asia, æ,* l'Asie ; — *volo, as, áre*, voler ; — *palpo, as, áre*, toucher.

l'homme. — La gloire du Seigneur, Dieu d'Israël. — La main de Dieu, protecteur des hommes. — Les bœufs des troupeaux, richesses des hommes (deux sens : *richesses* apposition de *bœufs* ou de *troupeaux*).

II. — Adjectif attribut et adjectif épithète.

Les Hébreux chantaient : « Le Seigneur est grand et bon ; ses œuvres (tournez : les œuvres de lui) sont belles ; il habite dans le ciel immense. — Mais les idoles des nations sont sourdes et muettes ; leurs temples (les temples d'elles) ne sont pas purs ; et les peuples qui les adorent sont impies. » — L'oreille d'une idole est sourde, et sa bouche (la bouche d'elle) est muette (*os, oris* est neutre). — Les plaines de l'Asie sont immenses (*campus* est masculin). — Une plaine d'Europe n'est pas souvent immense. — Les oiseaux volent dans le ciel pur.

3e heure.

Fin du thème 5.

III. — Sujet au nominatif et complément d'objet à l'accusatif. — *In* et l'ablatif sans mouvement.

Israël n'aimait pas les peuples — qui adoraient des statues. — Israël voyant les yeux et les oreilles, — les pieds et les mains de celles-ci, — chantait (*canébat*) : « Elles ont des yeux, des mains et des pieds, une bouche ; — et pourtant elles ne voient pas, — elles ne touchent pas — elles ne marchent pas — elles ne crient pas. » — Les Hébreux et les Chaldéens — considéraient les étoiles — qui racontaient la gloire de Dieu. — Les Hébreux chantaient : « O Seigneur qui habitez dans les hauteurs ! » Les Chrétiens disent (*dicunt*) : « Notre père, qui êtes dans les cieux » (traduire par *tu* le *vous* de politesse).

Nouvelle interrogation écrite : sur *lego* et *capio*.

On peut faire momentanément quelques interrogations écrites rapprochées ; il faut exiger un sérieux effort pour fixer la conjugaison.

VI

MŒURS PASTORALES

AUPRÈS DE LA SOURCE.

1re heure.

Leçon I.

Vocabulaire.

Aqua, æ, l'eau. — *Servus, i:* 1. esclave ; 2. (Vulgate) serviteur. — *Camélus, i,* le chameau. — *Fons, fontis* (m.), la source. — *Pax, pacis,* la paix. — *Mos, moris* (m.), la coutume ; *mores, morum,* les mœurs. — *Hospes, itis,* l'hôte. — *Virgo, ginis,* la jeune fille. — *Domus, ús,* la maison.

Crudus, a, um, cru.

Crudélis, e, cruel.

A *bonus : bona, órum :* 1. les biens ; 2. les richesses.

Benignus, a, um : 1. bienveillant ; 2. amical.

Benigne, aimablement.

Frigidus, a, um, froid. — *Cálidus, a, um,* chaud. — *Liber, libera, liberum,* libre. — *Æger, ægra, ægrum,* malade.

Similis, e, semblable ; — *dissimilis, e,* différent.

Similis patris ou *patri,* semblable à son père.

Dulcis, e, doux,

Sto, stas, steti, statum, stare, se tenir debout.

A *hábeo : prǽbeo, es, ui, itum, ére :* 1. fournir, offrir ; 2. présenter, procurer.

Aquam mihi præbe, donne-moi de l'eau.

Version 6.

1. Arabum vita — est etiam nunc similis — Chaldæórum et Hebræórum vitæ. — Tabernácula hábitant. — Arméntis

et pecóribus dívites sunt. — Líberi — in vastis campis — ámbulant.

2. Mores eórum — sunt boni et puri. — In bello crudéles — semper fuérunt, — sed in pace — erga hóspites — justi et benigni.

3. In Eliezér et Rebéccæ históriâ — dulces et humános — pastórum mores — vidémus.

4. Eliezér, Abrahám servus, — in Mesopotámiam — venit — cum decem camélis — multa bona — portántibus.

5. Ad fontem aquæ stetit — ex quo virgines — aquam háuriunt (*puisent*) — véspere (*le soir*). — Pulchræ virgini — Rebéccæ — dixit :

6. « Aquam mihi prœbe — ad bibéndum (*pour boire*) — de hýdria (*cruche*) tua. » — Ea respóndit benigne : « Bibe (*bois*) dómine » — et camélis étiam dedit aquam.

2ᵉ heure.

Leçon II.

Ajouter au tableau des pronoms *hic*, *ille* et *iste*.

Thème 6.

I et II. — Attribut. Apposition.

La vie des Hébreux et des Chaldéens était semblable à celle de nos Arabes. — Ils étaient riches en troupeaux, richesses des pasteurs. — Les pasteurs sont libres, se promenant avec leurs bœufs et leurs moutons dans les vastes plaines. — Les hôtes des Arabes sont semblables aux hôtes des anciens Hébreux. — Eliézer était un bon serviteur du patriarche Abrahám. — Les mœurs des pasteurs seront toujours douces et justes. — Les pasteurs, hommes doux et humains, vivaient, vivent et vivront toujours dans la paix. — Les eaux froides de notre source sont bonnes aux hôtes. — Les sources d'eau chaude sont bonnes aux enfants malades.

3ᵉ heure.

Leçon III.

III. — Complément d'objet.
In et l'accusatif avec mouvement.

J'aime les belles eaux fraîches de nos sources. — Les enfants malades loueront les eaux chaudes de vos sources. — Bois l'eau de la fontaine Molière (1) ! — Esclaves, donnez-moi de l'eau. — Les serviteurs donneront de l'eau aux chameaux de l'hôte. — Les jeunes filles des pasteurs puisaient de l'eau aux fontaines. — Ainsi Rebecca donna l'eau de la source à Eliézer et à ses chameaux (ses = de lui). — Les chameaux d'Eliézer portaient beaucoup de richesses en Mésopotamie. — Je loue la paix et les hommes aimant la justice. — Les laboureurs n'aiment pas les mœurs des pasteurs ; les pasteurs n'aiment pas les laboureurs et leurs mœurs (leurs = d'eux). — Ces chameaux-ci sont semblables à ces chameaux-là. — Esclaves, donnez de l'eau à ces chameaux-ci. — Le pasteur et le le laboureur sont dissemblables : celui-ci aime son chameau, celui-là sa terre ; l'un a une tente, celui-là une maison. — La maison de celui-ci et la tente de celui-là. — J'aime la maison de ce laboureur. — Je loue les tentes de ce pasteur.

VII

MŒURS PASTORALES

L'HOSPITALITÉ SOUS LA TENTE.

1ʳᵉ heure.

Leçon IV.

Vocabulaire.

Ancilla, æ, la servante. — *Asinus, i,* l'âne. — *Hostis, is,* l'ennemi. — *Munus, eris* (n.) : 1. charge ; 2. service, bienfait ; 3. présent. — *Dies, ei,* le jour.

(1) *Plaisanterie connue :* Racine — Boileau — de La Fontaine — Molière.

A *argéntum, i*, l'argent : *argénteus, a, um*, d'argent — *aúreus, a, um*, d'or.

    Vasa argéntea, des vases d'argent.

Salúto, as, ávi, átum, áre : 1. saluer ; 2. accueillir.

Paro, as, ávi, átum, áre : 1. préparer ; 2. acquérir. — *Appáreo, es, ui, itum, ére*, apparaître. — *Fleo, es, flevi, fletum, flere*, pleurer.

    Duco, is, xi, ctum, dúcere : 1. tirer ; 2. conduire.

    Dux, ducis : 1. guide ; 2. chef ; 3. général.

Mitto, is, misi, missum, míttere, envoyer.

A *dies : quotídie* (adverbe), chaque jour, tous les jours.

Grammaire.

Comparatifs et superlatifs, p. 109 : *magis*, plus — *minus*, moins — *quám*, que.

Adverbes, p. 121 : *quoque*, aussi (à porter à côté d'*étiam*, déjà noté), *hodie*, aujourd'hui — *cras*, demain.

    hódie mihi, cras tibi, aujourd'hui [le malheur est] pour moi, demain [il sera] pour toi ; c'est-à-dire : aujourd'hui, c'est mon tour, demain le tien !

Prépositions : *coram* (ablatif) : 1, en présence de ; 2. devant.
    coram pópulo, devant le peuple.

Syntaxe des prop. sub. circonstancielles.
BUT : *ut*, afin que et le subjonctif. p. 189
    ut des, afin que tu donnes.

A partir d'ici, division du vocabulaire en quatre morceaux et de la grammaire en deux parties.

Leçon	I. p. 1-24	Leçon IV.	p. 75-99
—	II. p. 25-49	— V.	p. 100-134
—	III. p. 50-74	— VI.	p. 135-200

Les morceaux du cahier sont momentanément très courts, surtout V et VI. C'est un avantage, puisque notre gros effort doit porter sur la conjugaison.

Version 7.

1. Non minus benigni — appárent Rebéccæ fratres — qui Eliezér hóspitem salútant. — Eum in domum patris Bathuélis ducunt, — lavant ejus pedes — et ei panem præbent.

2. Ille dóminum suum Abrahám — laudat, — dicens hospítibus suis — : « Dóminus benedíxit dómino meo. — Dedit ei — oves et boves, — argéntum et aúrum, — servos et ancillas, — camélos et ásinos. »

3. « Misit autem me ad te, — Bathuél, — ut des filio ejus Isaác — filiam tuam Rebéccam — uxórem. — Illa est múlier — quam præparávit Dóminus — filio dómini mei. »

4. Bathuél respóndit : « Benedíctus ille — qui venit — in nómine Dómini. — Rebécca coram te est. — Tolle eam — et sit uxor — filii dómini tui. »

5. Tum Eliezér dedit Rebéccæ — vasa argéntea et aúrea. — Frátribus quoque et matri ejus — múnera dedit, — et cadens in terram — adorávit Dóminum.

2ᵉ heure.

Leçon V.

Lego et *cápio.*

Thème 7.

Les vieux pasteurs Chaldéens étaient des hommes sages et bons. — Les fils conduisaient les hôtes dans la tente de leur père, lavaient leurs (= d'eux) pieds, et leur donnaient du pain. — Donnez-nous aujourd'hui notre pain quotidien. — Nous avons (*habemus*) du fer pour l'étranger (*hosti*), et du pain pour nos frères (*datif*). — Les hommes aiment moins l'argent que l'or. — Le serviteur d'Abraham fut l'hôte du pasteur Bathuel. — Rebecca fut l'épouse du patriarche Isaac. — Le Seigneur l'avait préparée et la donnait au fils de son serviteur Abraham. — Le peuple d'Israël a toujours aimé et loué le Seigneur son Dieu. — Les ennemis du peuple d'Israël ont détruit les moissons dans les champs ; ils détruiront la ville et leurs (= d'eux) soldats auront un riche butin. — Quand (*cum*) les ennemis auront détruit le temple, les Hébreux pleureront. — L'ennemi détruisait le temple et la ville ; il avait détruit les maisons des habitants.

A *dies* : *quotidiànus, a, um*, quotidien.

VIII

IDYLLE PASTORALE

Le mariage de Rebecca.

1re heure.

Leçon VI.

Aúdio.

Vocabulaire.

Noms : *Impérium, ii* : 1. pouvoir ; 2. commandement ; 3. empire. — *Comes, cómitis*, le compagnon. — *Mors, mortis*, la mort. — *Nutrix, nutrícis*, la nourrice. — *Vox, vocis*, la voix.

Adjectifs : *Sápiens, éntis*, sage.
           Sapiéntia, æ, la sagesse.
Talis, e, tel.

Pronom (au tableau 2) : *ipse*, lui-même.

Verbes : *Specto, as, ávi, átum, áre*, regarder.
           Exspécto, as, ávi, átum, áre, attendre.
Témpero, as, ávi, átum, áre, modérer.
Vasto, as, ávi, átum, áre, dévaster.

A *video* : *invideo, invides, invidi, invisum, ére* : 1. regarder de travers ; 2. porter envie à (dat.).

Mihi invidet, il me porte envie.

Invidia, æ, la jalousie.

Pláceo, es, cui, citum, cére, plaire.

Timeo, es, ui, ére, craindre.

Timor, óris (m.), la crainte.

Initium sapiéntiæ timor Dómini, le commencement de la sagesse est la crainte du Seigneur.

A *cado : accido, is, i, accídere* : 1. tomber sur ; 2. arriver.

Accidit (impersonnel), il arrive.

Grammaire.

Adverbes : *Nam* ou *enim*, car, en effet.   p. 121

Obviam, au-devant de (dat.).   p. 147

Ille qui venit nobis óbviam, Celui qui vient au-devant de nous.

Procul, à quelque distance.   p. 147

Prépositions : *Cum*, avec (abl.).   p. 124

Cum isto hómine, avec cet homme.

Ablatif absolu : *Conspécto Isaac*, Isaac étant vu —   p. 148 à la vue d'Isaac.

Conséquence : *Tantum ut*, tellement que.   p. 191

Tantum diléxit eam ut dolórem temperáret, il l'aima tant qu'elle adoucit sa douleur.

Version 8.

1. Pater et fratres dixérunt — : « Vocémus vírginem — et quærámus ipsius voluntátem. » — « Visne ire, aiunt — cum hómine isto ? » — Respóndit illa : « Vadam. »

2. Dimisérunt ergo eam — et nutrícem illíus — et servum Abrahám — et cómites ejus. — Isaac autem exspectábat eam — et, tollens óculos — vidit camélos — veniéntes procul.

3. Rebécca quoque — conspécto Isaac — descéndit de

camélo — et ait ad puerum — : « Quis est ille homo — qui venit per agrum — nobis óbviam ? » — Dixítque ei — : « Ipse est dóminus meus. »

4. Ille introdúxit eam — in tabernáculum Saræ — matris suæ — et accépit eam — uxórem.

Et tantum diléxit eam — ut dolórem temperáret — qui ex morte matris ejus — áccidit.

5. Tales erant — pastórum mores — hóminum justórum — qui Deum timébant — et libénter dicébant — : « Inítium sapiéntiæ — (est) timor Dómini. »

2ᵉ heure.

Leçon : Interrogation écrite sur la conjugaison.

Thème 8.

I. — *Sum* et l'attribut; le pronom relatif.

[Faire précéder l'exercice de questions sur l'antécédent, sur l'accord entre l'antécédent et le relatif, sur le rôle du relatif.]

Rébecca était une belle jeune fille. — Elle fut l'épouse du patriarche Isaac. — La jeune fille qui fut l'épouse d'Isaac. — La jeune fille dont Isaac fut le mari. — La jeune fille à laquelle plut Isaac. — La jeune fille qu'aimait Isaac. — Les ennemis qui dévastaient les montagnes et les plaines. — Les ennemis dont nous craignons les armes barbares. — Les peuples auxquels portent envie des ennemis barbares. — Les Germains que craignaient les habitants de l'empire Romain.

3ᵉ heure.

Leçon n° I.

Suite du thème 8.

II. — Sur *amo, laudo, voco, exspécto, déleo, tímeo, invídeo, tollo, is, hic* et *ille.*

La jeune fille qu'attendait Isaac louait la sagesse du Seigneur. — En effet, le Seigneur l'avait préparée [comme] épouse pour le fils (datif sans préposition) de son sage serviteur Abraham. — Eliézer vint (*venit*) donc vers la terre de Bathuel (1) avec dix chameaux qui portaient beaucoup de richesses. — Rébecca elle-même salua Eliézer près de la source à laquelle (*ex* et l'abl.) elle puisait (*hauriébat*) de l'eau. — Elle lui donna de l'eau, à lui-même et à ses (= de lui) chameaux. — Ensuite elle l'introduisit auprès de son père Bathuel. — Bathuel et ses (de lui) fils aimaient Abraham et louaient sa (de lui) vertu. — Bathuel donna donc sa fille comme épouse à Isaac, fils d'Abraham. — Celui-ci vint lui-même au devant de Rébecca et de ses (d'elle) compagnons et la salua. — Il l'avait attendue dans les champs avec ses chameaux et ses serviteurs. — Eliézer dit à Rébecca : « Celui que tu vois est Isaac, le fils de mon maître ; ton père te l'a donné comme époux. »

(1) *Bathuèl, èlis.*

DEUXIÈME SÉRIE D'HISTOIRE

L'AGE DES LABOUREURS

I

LES PASTEURS CHEZ LES LABOUREURS

Israël en Égypte.

1re heure.

Leçon II.

De la nouvelle division, indiquée p. 46.

Vocabulaire.

A expliquer dans cette première heure, ainsi que la grammaire.

Noms : *Philòsophus, i,* le philosophe.
Locus, i, le lieu.
    Loco, as, àvi, àtum, àre, placer.
    Còlloco, as, àvi, àtum, àre, établir.
Annus, i, l'année.
    Anno millèsimo, l'an mille. M.
Mensis, is, le mois.
    Mensis Augùstus, le mois Auguste, le mois d'août.
Sol, solis, le soleil.
Solum, i, le sol.

Labor, óris (m.): 1. peine; 2. fatigue ; 3. travail.

Labóro, as, ávi, átum, áre : 1. travailler; 2. souffrir.

Fame laboráre, souffrir de la faim *(fames, is,* la faim).

Mínimo labóre, avec très peu de peine.

Mons, montis (m.), la montagne.

Jus, juris (n.), le droit.

Justus, a, um : 1. conforme au droit, juste ; 2. conforme à la règle, régulier.

Justus exércitus, une armée régulière.

Injúria, æ : 1. injustice; 2. violence.

Jure, à bon droit.

Injúriá, à tort.

Justitia, æ, respect du droit, justice.

Múlier, eris, la femme.

Vallis, is, la vallée.

Acus, ús : 1. pointe; 2. aiguille.

Acer, acris, acre : 1. aigu, piquant ; 2. violent, ardent.

Acriter : 1. avec ardeur ; 2. rigoureusement.

Acrius, avec plus d'ardeur ou de rigueur.

Tribus, ús, la tribu.

Fructus, ús, 1. production, 2. fruits de la terre.

Adjectifs : *Doctus, a, um,* savant. — *Græcus, a, um,* grec.

A *pius* : *Píetas, átis,* la piété.

Felix, felícis, heureux.

Adverbe : A *libet,* inscrire ce mot et laisser en blanc la place nécessaire pour le traduire plus tard.

Libénter, volontiers.

Verbes : *Aro, as, ávi, átum, are,* labourer.

Arátor, óris, le laboureur.

Vado, is, ere, aller.

Quò vadis, Dómine? Où allez-vous, Seigneur?

Inváo, is, invási, invásum, inváere, envahir.

Vivo, is, vixi, victum, vívere, vivre.

Vixérunt! Ils ont vécu! (Ils sont morts.)
[Mot de Cicéron annonçant au peuple la mort des complices de Catilina.]

Grammaire.

P. 105. **Tous les mots en** *or* **sont masculins, sauf trois féminins :**

soror, la sœur, *arbor*, l'arbre, et *uxor*, l'épouse,
et quatre neutres : *ador*, le blé, *æquor*, la plaine, *cor*, *cordis*, le cœur, et *marmor*, le marbre.

P. 109. **Formation des comparatifs et superlatifs :**

On remplace le cas en *i* par *ior* et *issimus*.
Altus, gén. *alti :* *àltior, ius*, plus haut; *altissimus, a, um*, le plus haut.
Potens, dat. *énti : poténtior, ius*, plus puissant ; *potentissimus, a, um*, le plus puissant.

REMARQUES : le comparatif en *ior* se décline sur *vetus. In inferióre Ægýpto*, dans la basse Egypte.
L'adverbe est en *o* devant un comparatif : *multo divitióres*, beaucoup plus riches.

Liste des chiffres romains, des dix premiers nombres cardinaux et ordinaux, p. 112.

I. Unus, a, um	Primus, a, um
II. Duo, æ, o	Secúndus, a, um
III. Tres, tria	Tértius »
IV. Quátuor	Quartus »
V. Quinque	Quintus »
VI. Sex	Sextus »
VII. Septem	Séptimus »
VIII. Octo	Octávus »
IX. Novem	Nonus »
X. Decem	Décimus. »

En français (provisoirement). Laisser en blanc la place des noms latins.

11	XI	21	XXI	300	CCC
12	XII		etc.	400	CD
13	XIII	31	XXXI	500	D
14	XIV	40	XL	600	DC
15	XV	50	L		etc.
16	XVI	60	LX	900	DCCCC
17	XVII		etc.	1000	M
18	XVIII	90	XC	2000	MM ou $\overline{\text{II}}$
19	XIX	100	C	4000	$\overline{\text{IV}}$
20	XX	101	CI	10000	$\overline{\text{X}}$
		200	CC	100000	$\overline{|\text{I}|}$

P. 121. *Circa*, autour — *adverbe* et *préposition* (accusatif). *Circiter*, environ.

P. 140. *Complément du comparatif:*

Dóctior Petro ou *quam Petrus*, plus savant que Pierre.
Bárbaris crudelióres, plus cruels que des barbares.

Complément du superlatif:

Altíssima árborum, ou *ex arbóribus* ou *inter árbores*, le plus haut des arbres.

Complément du nom de nombre:

Unus nepótum ou *ex nepótibus* ou *inter nepótes*, un de ses descendants.

P. 148. *Ablatif absolu:*

Regnántibus Hycsos régibus. (Les rois Hycsos régnant), Sous le règne des rois Hycsos.

P. 159. *Propositions relatives:*

Accord au nominatif (les trois genres).
Cœli qui enárrant glóriam Dei, les cieux qui racontent la gloire de Dieu.

Stellæ **quæ** *in cœlo fulgent,* Les étoiles qui brillent dans le ciel.

Nilus est flumen **quod** *agros inúndat,* Le Nil est un fleuve qui inonde les champs.

P. 159, m. Accord à l'accusatif :

Joseph quem Phàraon amàbat, Joseph qu'aimait le Pharaon.

P. 160. Accord au génitif :

Tribus Semiticæ, quarum reges « Hycsos » appellabàntur, les tribus sémitiques, dont les rois étaient appelés Hycsos.

P. 195. *Comparaison :*

Ut, sicut, comme.

2ᵉ heure.

Leçon III.

Version 1.

1. Agricolæ multo divitióres erant quam pastóres. Nec injùrià. Nam multo àcrius laboràbant. Terram sub sole aràbant. Terra eis fructus suos jure præbébat.

2. Ergo pastóres agricolis invidébant, et fértiles terras libénter prædabàntur. Anno circiter MDCCC ante Jesum Christum, tribus Semiticæ, quarum reges Hycsos (1) appellabàntur (*étaient appelés*), Delta invasérunt et annos CCC habitavérunt.

3. Regnántibus Hycsos régibus, Hebræi pastóres, fame laboràntes, in Ægýptum venérunt. Joseph históriam légimus, patriárchæ Jacob filii, quem Phàraon amàbat. Is patrem et fratres, Israël tribuum avos, in Ægýptum vocàvit. Illos in Gessen agro collocàvit Phàraon, ubi felices cum pecóribus vixérunt.

(1) De *Hiq,* roi et *Shous,* pillard. Nom que les Egyptiens agriculteurs donnaient dans leur langue aux tribus nomades de Syrie.
Voir Maspero, Histoire Ancienne, p. 171.

3ᵉ heure.

Leçon IV.

Thème 1.

Les pasteurs qui n'aiment pas les laboureurs. — La terre qui donne ses productions au laboureur. — Le fleuve qui fournit de l'eau aux hommes et aux troupeaux. — Les fleuves qui inondent les plaines de l'Amérique.

Le pasteur dont le laboureur craint toujours les troupeaux. — La terre dont le laboureur aime les fruits. — Les champs dont les hommes labourent la terre. — Les tribus dont les troupeaux se promenaient dans la plaine. — Les temples dont les hommes pieux adoraient les dieux.

Le peuple Hébreu à qui le Pharaon donna le territoire de Gessen. — Heureux les peuples à qui Dieu a donné la sagesse !

Heureuses les mères dont les fils sont braves et travailleurs !

Heureuse l'épouse qu'un mari travailleur et de bons enfants ont aimée !

4ᵉ heure.

Leçon V.

Suite du thème 1.

Les pasteurs ne sont pas plus heureux que les laboureurs. — Les laboureurs sont plus justes que les pasteurs. — Les Égyptiens furent toujours plus riches que les habitants des plaines de l'Arabie. — Le laboureur travailleur est le plus riche des hommes. — La mère de beaucoup d'enfants est la plus heureuse et souvent la plus riche des femmes. — Un de mes fils est travailleur. — Les patriarches étaient les plus sages des hommes ; ils craignaient le Seigneur, et cette

crainte était pour eux (datif) le commencement de la sagesse.
— Le territoire de Gessen, où le Pharaon établit les Hébreux,
était plus fertile que la terre elle-même de Chanaan. — Mais
la vallée du Nil était beaucoup plus riche encore que le
territoire de Gessen. — Les anciens historiens ont loué à bon
droit l'Égypte, la plus fertile des terres. — Les livres des
anciens ne louent pas à tort la justice des patriarches
Hébreux et la sagesse des philosophes Grecs. — Le roi des
Perses était le plus puissant des rois. Les Grecs l'appelaient
le roi des rois. — Le Mont Blanc est la plus haute des
montagnes ; il est plus haut que les plus hautes montagnes
de l'Europe.

II

TERRE NOURRICIÈRE

« L'Égypte est un don du Nil. »

1re heure.

Leçon VI.

Vocabulaire.

Noms : *Lingua, æ,* la langue.
Gállia, æ, la Gaule.
  Gállicus, a, um, Français.
Limus, i, le limon. — *Hortus, i,* le jardin.
A *aro : arátrum, i,* la charrue.
Fruméntum, i, le blé.
A *do : donum, i* (n.), le don.
  Ægýptus est Nili donum, l'Égypte est un don du Nil.

Pulvis, eris (m.), la poussière. — *Flos, floris* (m.), la fleur.
Messis, is, la moisson.

 Messium tempus, le temps des moissons.
  (*tempus, oris,* le temps.)
Semen, seminis, la semence.
Lacus, ûs, le lac [ne pas confondre avec *lac, lactis* (n.), le lait].

Verbes : *Inquit* ou *ait,* dit-il.
Scribo, is, scripsi, scriptum, scribere, écrire.
 Scriptor, ôris, l'écrivain.
 Historiárum scriptor, l'historien.
Colo, is, côlui, cultum, côlere : 1. cultiver ; 2. habiter.
 Agricola, æ, le laboureur.
 Incola, æ, l'habitant.
Muto, as, àvi, àtum, àre, changer.
Càpio, is, cepi, captum, càpere, prendre.
 Percipio, is, cépi, céptum, cipere, recueillir.
Linquo, is, liqui, lictum, linquere, laisser.
 Relinquo, is, liqui, lictum, linquere, abandonner, laisser.
Màneo, es, mansi, mansum, manère, rester.
 Permàneo, id.
Spargo, is, sparsi, sparsum, spàrgere, répandre.

Grammaire.

Mots invariables : *Novem,* neuf ; *novembris, e,* novembre (le 9ᵉ mois de l'année romaine, qui commençait le 1ᵉʳ mars).
Vicissim, successivement, p. 146.
Deinde, ensuite, p. 146.
Ibi, là, p. 147.
Sine, sans (abl.), p. 124.
Sine fine, sans fin [*finis, is* (m.), la fin].
Consulàtus non sine causa sed sine fine laudàtus, un consulat loué non sans raison mais sans fin. (Raillerie adressée à Cicéron.)
Inter (acc.), entre, p. 123.

Alphabet grec.

A copier sur la dernière page du cahier de vocabulaire latin
et à réciter dans le morceau 4.

Α, α (alpha)   Ν, ν (nu)
Β, β (bêta)   Ξ, ξ (xi)
Γ, γ (gamma)   Ο, ο (omicron)
Δ, δ (delta)   Π, π (pi)
Ε, ε (èpsilon)   Ρ, ρ (rô)
Ζ, ζ (zéta)   Σ, σ, ς (sigma)
Η, η (êta)   Τ, τ (tô)
Θ, θ (thêta)   Υ, υ (upsilon)
Ι, ι (iota)   Φ, φ (phi)
Κ, κ (kappa)   Χ, χ (chi = ki)
Λ, λ (lambda)   Ψ, ψ (psi)
Μ, μ (mu)   Ω, ω (òméga)

Exemples de mots grecs :

φίλος, η, ον, ami.   ἡ σοφία, ας, la sagesse.
    ἡ φιλοσοφία, *philosophia*, la philosophie.
ὁ θέος, le dieu.   ὁ οἶνος, le vin.
    θεόφιλος, aimé des dieux : Théophile.
    φιλοθέος, qui aime Dieu : Philothée.
    φίλοινος, qui aime le vin : Philène.
μέγας, grand.   μικρός, petit.
mégalomanie.   microscope.
ὁ mega, grand o.   o micron, petit o.

L'Alphabet. *l*— Je suis l'Alpha et l'Oméga. — Le delta du
Nil.

2ᵉ heure.

Courte interrogation écrite sur amor.

Version 2.

1. Hic in fértili terrâ — Hebrái non pecóribus solum —
sed agrórum frúctibus — dívites fuérunt.

2. « Ægýptus enim est Nili donum » (δῶρον τοῦ ποτα-
μοῦ)(1), inquit Heródotus, — Græcus historiárum scriptor.
— Raræ sunt plúviæ ; — flumen autem — agros inúndat,
— ab Augústo mense — usque ad Novémbrem.

3. « Ægýptus, — inquit étiam — Amrou, dux Arabum,
— est vicíssim — campus, lacus, hortus ». — Vicíssim enim
— púlverem, aquam, flores — ibi vidémus.

4. Ergo felíces Ægýpti íncolæ — minóre labóre — quam
céteri (*les autres*) agrícolæ — terræ fructus — percepérunt.
— Quum flúvius campos relínquit, — fértilis limus — in
solo manet.

5. Tum — semen in agros — spargunt Ægýptii — sine
arátro. — Deinde exspéctant — messis tempus — et fruméntum — quod Nilus eis dedit. — Eórum exemplum —
Hebræórum mores — mutávit.

3e heure.

Grande interrogation écrite sur la déclinaison, les pronoms
et la conjugaison.

4e heure.

Leçon I.

Thème.

Hérodote a loué le Nil — qui donne le blé — aux habitants de l'Egypte. — Le Nil est un fleuve qui inonde les
champs des laboureurs égyptiens. — L'Egypte est un jardin
de fleurs, — lorsque le Nil a inondé les plaines. — Les habi-

(1) Nous conseillons beaucoup aux débutants d'apprendre l'alphabet grec,
ce qui leur demandera au plus deux ou trois quarts d'heure de travail. Ils
pourront ainsi *voir écrits* en grec les mots latins venus de la Grèce ; ce qui
leur facilitera, pour un grand nombre de termes, l'orthographe latine et
française — française surtout. Ils apprendront, en même temps, une partie
importante du vocabulaire international. Il faut avouer que « c'est pour
rien ! »

tants de l'Egypte sont heureux : — ils ont l'eau et le limon du Nil. — Nos laboureurs ont des charrues. — En Egypte, le laboureur a souvent du blé — sans charrue. — En effet, le limon du Nil est fertile ; — il donne les fruits de la terre — par un très faible travail. — Le mois d'août est le temps des moissons — dans notre patrie. — Nous l'avons aussi appelé Messidor.

Les historiens et les philosophes grecs — ont toujours loué — la sagesse des Egyptiens. — Φίλος et Θεός, Philothée : celui qui aime Dieu. — Θεός et φίλος, Théophile : celui qu'aime Dieu. — Μέσος, qui est au milieu ; πόταμος, ou, fleuve : Mésopotamie, terre qui est entre deux fleuves. — Φίλος, ami, σοφία, sagesse (Sophie) : philosophe, celui qui aime la sagesse. — Φίλος, ami, Ἕλλην, grec, hellène ; Philellène : celui qui aime les Grecs. — La langue grecque vit dans la langue française.

III

TERRE DE SERVITUDE

In exitu Israël de Egypto...

1re heure.

Leçon II.

Vocabulaire.

1. Noms : *Plaga, æ :* 1. coup, blessure ; 2. plaie, fléau.
   Decem Egypti plagæ, Les dix plaies d'Égypte.
A *servus : sérvitus, útis,* servitude.
Judæus, i, Juif.
Onus, eris (n.) : 1. charge ; 2. fardeau.
   Onero, as, ávi, átum, áre, charger.
Lac, lactis (n.), le lait.
Mel, mellis (n.), le miel.

Moÿses, is, Moïse.

A *clamo : clamor, òris,* le cri.

Gémitus, ús, le gémissement.

2. Adjectifs : *Christiánus, a, um,* chrétien.

Omnis, e, tout. *Omnes, òmnia,* tous.

    Omnípotens, éntis, tout-puissant.

Memor, oris, qui se souvient de (gén.) ; *memória, æ,* la mémoire.

3. Verbes : A *psalmus : psallo, is, ere,* jouer de la lyre.

Pello, is, pépuli, pulsum, péllere, pousser.

    Depéllo, is, dépuli, depúlsum, depéllere, chasser.

Ago, is, egi, actum, ágere : 1. pousser ; 2. faire ; 3. agir.

    Rédigo, is, égi, áctum, ígere, amener à, réduire.

    In servitútem redígere, réduire en servitude.

A *fligo : affligo, is, íxi, íctum, ígere :* 1. abattre ; 2. maltraiter, accabler.

Scándo, is, ere, gravir.

    Ascéndo, is, ascéndi, ascénsum, ascéndere, monter.

A *duco : edúco, is, úxi, úctum, ere :* 1. tirer de ; 2. conduire hors de.

A *liber : libero, as, ávi, átum, áre,* délivrer.

A *flumen : fluo, is, fluxi, fluxum, flúere,* couler.

    Fluctus, ús, le flot.

Volo, vis, vólui, velle, vouloir.

    Nolo, nonvis, nólui, nolle, ne pas vouloir.

Pharaón nóluit pópulum Israël dimíttere, le Pharaon ne voulut pas renvoyer le peuple d'Israël.

    Volúntas, átis, volonté.

Sumo, is, sumpsi, sumptum, súmere, prendre.

Cano, is, cécini, cantum, cánere, chanter.

Pecco, as, ávi, átum, áre, pécher.

    Peccátor, óris, pécheur ; *Peccátum, i,* le péché.

Version 3.

1. Anno circiter MD — reges Thebáni — Hycsos tribus — e Delta depulérunt — et Hebræos — in servitútem

redegérunt. — Pharaónes afflixérunt onéribus — pópulum Israël — cujus clamor — ad Deum ascéndit.

2. Et audívit Dóminus — gémitum eórum. — Liberávit eos — de mánibus Ægyptiórum — et edúxit pópulum suum — in terram bonam et spatiósam, — in terram — quæ fluit lacte et melle, — Chanaán nómine.

3. Ergo Dóminus Moÿsen misit ad Pharaónem. — Nóluit autem Pháraon — pópulum Israël dimíttere. — Mox tamen — decem Ægÿpti plagis — térritus (*effrayé pár*) — Pháraon vocávit — Moÿsen et Aarón — dicens eis —: « Peccávi. — Dóminus est justus. — Ego et pópulus meus — sumus impii. — Oves vestras — et arménta — súmite, — et egredímini (*sortez*) — e pópulo meo. »

4. Et eádem die — edúxit Dóminus — e terrâ Ægÿpti — fílios Israël — qui étiam nunc — in templis suis canunt : — « In éxitu Israël — de Ægÿpto, — domûs Jacob — de pópulo bárbaro — ... Dóminus memor fuit nostri — et benedíxit nobis. — Benedíxit dómui Israël ; — benedíxit dómui Aarón — Benedíxit ómnibus qui timent Dóminum. »

2ᵉ heure.

Leçon III.

Thème 3.

Les fardeaux par lesquels les Pharaons accablaient le peuple d'Israël. — L'Égypte, qui avait été pour les Hébreux (datif) une terre nourricière, fut une terre de servitude après les rois Hycsos. — Le Seigneur entendit les cris de son peuple et le tira de la terre d'Égypte. — La terre de Chanaán était bonne et vaste ; le lait et le miel y coulaient ; le Seigneur conduisit vers cette terre heureuse son malheureux peuple, après la sortie d'Égypte. — Moïse, homme sage et pieux, conduisit hors d'Égypte le peuple d'Israël. — Tous les Hébreux prirent leurs moutons, leurs grands et petits troupeaux, leurs bœufs et leurs chameaux. — Le Pharaon qui les avait réduits en servitude, effrayé par les dix fléaux que le Seigneur

envoya à l'Égypte, dit à Moïse : « Votre Dieu est sage et juste ;
je ne veux pas être impie ; vous êtes libres. » — Grande fut la
reconnaissance du peuple d'Israël envers le Seigneur. — Dans
tous les temples, les Juifs et les Chrétiens chantent le psaume
CXIII, et louent le Dieu qui s'est souvenu de son peuple,
qui a béni la maison d'Israël, qui a béni, bénit et bénira
toujours tous les hommes de bonne volonté.

IV

VERS LA TERRE PROMISE

Le Décalogue.

1re heure.

Leçon IV.

Vocabulaire.

Noms et adjectifs : *Ecclésia, æ,* l'église.
Decálogus, i, ὁ δεκάλογος, — le décalogue.
Furtum, i, le vol (voir *fur, furis*).
Præcéptum, i, ordre, commandement.
Sæculum, i, le siècle.
Honos, óris, l'honneur.
Lex, legis, la loi.
Fur, furis, le voleur.
A *colo : cultus, ús,* le culte.
Latínus, a, um, latin.
         Latine (adverbe), en latin.
Parens, éntis, parent (père ou mère).
Recens, éntis, récent ; *recéntior, recéntius,* plus récent.

Verbes : *Desídero, as, ávi, átum, áre :* 1. désirer ; 2. regretter.

Erro, as, ávi, átum, áre, errer.

Honóro, as,... (voir *honos, oris*).

Cædo, is, cecidi, cæsum, cædere : 1. battre ; 2. couper ; 2. massacrer.

    Occido, is, occidi, occisum, occidere, tuer.

A cupio : concupisco, is, ere, convoiter.

Dico, is, xi, ctum, cere, dire.

    Edico, is, xi, ctum, cere, proclamer.

Cápio, is, cépi, cáptum, cápere, prendre.

    Accipio, is, cépi, céptum, cípere, recevoir.

Fácio, is, féci, fáctum, fácere, faire.

Cúpio, is, ívi, ou *ii, ítum, cúpere,* désirer.

Apud (acc.), auprès de (p. 123).

Ubi (conjonction), où (p. 147.)

Olim : 1. jadis (dans le passé); 2. un jour (dans l'avenir).

Grammaire.

Ajouter au cahier, p. 108 : Superlatif des adjectifs en *er :* *pulcher,* beau ; *pulchrior,* plus beau ; *pulchérrimus,* le plus beau.

Ajouter au tableau des pronoms personnels :

Mecum, avec moi ; *tecum,* avec toi ; *secum,* avec lui.

Dóminus vobiscum! Le Seigneur soit avec vous !

Pax tecum ! Que la paix soit avec toi !

Ajouter, page 112, les noms de nombre cardinaux suivants :

11	*úndecim*	23	*viginti tres*
12	*duódecim*	28	*duodetriginta*
13	*trédecim*	29	*undetriginta*
14	*quatuórdecim*	30	*triginta*
15	*quindecim*	40	*quadraginta*
16	*sédecim*	50	*quinquaginta*
17	*septéndecim*	60	*sexaginta*
18	*duodeviginti*	70	*septuaginta*
19	*undeviginti*	80	*octoginta*
20	*viginti*	90	*nonaginta*
21	*viginti unus*	100	*centum*
22	*viginti duo*		

Ajouter, p. 112, en face de *quátuor* et de *quartus* :

Quátuor reges, quatre rois.

Quartus rex, le 4ᵉ roi.

Quátuor quartæ domús reyes, les quatre rois de la 4ᵉ dynastie.

Complément du verbe *sum* (p. 145, m.) :

Être à, appartenir à (génitif) :

Cette maison appartient à mon père, *hæc domus patris mei est*.

Tout ce qui lui appartient, *ómnia quæ illius sunt*.

Version 4 (tirets supprimés).

1. Hebræi quadraginta annos, Moÿse duce, in desérto erravérunt. In solitúdine desérti, apud montem Sinái, Moÿses leges edixit quas a Dómino accéperat.

2. « Ego sum Dóminus Deus tuus, qui edúxi te e terrâ Ægýpti, e domo servitútis.

Non habébis deos aliénos coram me...

Non assúmes nomen Dómini Dei tui in vanum...

Meménto ut diem Sábbati sanctifices... Nullum opus fácies illo die...

Honóra patrem tuum et matrem tuam, ut sis longǽvus super terram quam Dóminus tuus dabit tibi...

Non occides.

Non furtum fácies...

Non concupísces domum próximi tui, nec desiderábis uxórem ejus, non servum, non ancíllam, non bovem, non ásinum, nec ómnia quæ illius sunt. »

3. Illam legem secum apportavérunt Hebræi in terram Chanaán, in quâ jam olim patriárchæ justítiam colúerant. Eámdem póstea céteræ gentes a pópulo Israël accípient. Decálogus erit lex hóminum bonæ voluntátis.

2e et 3e heures.

Leçons V et VI.

Thème 5.

Le mont Sinaï est dans le désert où les Hébreux errèrent [pendant] quarante ans. — Là Moïse leur donna les lois que le Seigneur lui avait dictées, et que nous appelons le Décalogue ou les dix commandements. — Le premier, le second et le troisième commandement sont des lois sacrées, touchant le culte de Dieu ; le quatrième, le plus beau de tous, dit : « Tu honoreras ton père et ta mère. » En effet, celui qui a honoré ses parents est toujours bon, pieux et juste. — Le peuple d'Israël aimait les parents de nombreux enfants. — « Heureux, disait-il, celui à qui le Seigneur a dit : « Lève les yeux vers le ciel et compte les étoiles : ainsi seront tes descendants. » — La reconnaissance des enfants était donc la première vertu, le premier précepte de piété. — Israël a toujours honoré père et mère. — La piété des fils envers leurs parents fut et sera toujours la gloire d'Israël. — Le cinquième commandement dit : « Ne tue pas ». Le sixième est sur le vol et les voleurs, toujours nombreux chez tous les peuples. — Le septième, le huitième, le neuvième et le dixième ne sont pas moins justes. Tous sont aujourd'hui, après quarante siècles, la loi de tous les peuples de l'Europe et de l'Amérique ; — les Hébreux les chantent dans leur vieille langue sacrée, les catholiques en latin, les autres chrétiens dans les langues plus récentes, les plus récentes. Toutes sont belles, toutes sont pieuses, toutes sont humaines, lorsqu' (quum) elles louent ainsi la justice et honorent la volonté de Dieu dans tous les temples et toutes les églises de la terre.

V

SUR LA TERRE DE CHANAAN

« Les tribus d'Israël
avaient pour chef un Juge. »

Leçon **V.**

Interrogation écrite sur *amor* et *délcor*.

Vocabulaire.

Noms: *Vagus, i,* errant, vagabond.
Vagor, àris, àtus sum, àri, errer çà et là.
Vir, iri : 1. homme, mari.
Virtus, ùtis : 1. force ; 2. courage ; 3. vertu (qualité
du *vir*).
A jus : Judex, icis, le juge.
Grex, gregis (m.) : 1. troupeau ; 2. troupe.
Congrego, as, àvi, àtum, àre, rassembler, réunir.
Miles, itis, le soldat.

Adjectifs: *Utilis, e,* utile (datif).

Pronoms et adjectifs indéfinis (à porter au tableau) :
Quisque, quæque, quidque ou *quodque,* chacun ou chaque.
Quidam, quædam, quiddam ou *quoddam,* un certain.
Aliquis, àliqua, àliquid ou *àliquod,* quelqu'un ou quelque.

Les élèves commettent constamment des confusions entre
ces trois adjectifs-pronoms. Il faut les noter et les apprendre
ensemble, pour bien remarquer les différences. Au neutre,
quid est la forme du pronom, *quod* celle de l'adjectif.

Utèrque, ùtraque, utrùmque, l'un et l'autre.
Quilibet, quælibet, quódlibet, n'importe lequel.
Quivis, quævis, quodvis, qui vous voudrez.

Verbes: *Sum, es, fui, esse,* être.

> *Possum, potes, potui, posse,* pouvoir.

> *Præsum, es, fui, esse,* être à la tête de (datif).

>> *Exercitui præesse,* être à la tête d'une armée.

Servo, as, avi, atum, are : 1. sauver ; 2. conserver.

Imitor, aris, atus sum, ari, imiter (verbe déponent, de forme passive et de sens actif).

Mineo, es, ère, élever.

> *Immineo, immines, ère :* 1. dominer ; 2. menacer (datif).

> *Magna pericula mihi imminent,* de grands dangers me menacent.

> *Licet, uit, ère,* être permis.

>> *Licet,* il est permis (impersonnel).

Divido, is, visi, visum, videre, partager, diviser.

> *Divisus, a, um,* partagé.

Rego, is, rexi, rectum, règere : 1. diriger en ligne droite ; 2. gouverner.

> *Rex, regis,* le roi (celui qui gouverne).

A *lego : Eligo, is, légi, lectum, ligere,* élire.

Fugio, is, i, itum, gere, fuir.

Mots invariables: *Simul,* ensemble, en même temps (adverbe).

> *Similis, e,* semblable (gén. ou dat.).

>> *Similis patris* ou *patri,* semblable à son père.

Grammaire.

Attamen ou *tamen,* pourtant, cependant, p. 121.

Statim, aussitôt, p. 121.

Ubique, partout, p. 121.

Semper et ubique, toujours et partout.

Adversus (acc.), contre, p. 123.

Sub (acc. ou abl.), sous, p. 125.

Diu, longtemps, p. 146.

Sicut... ita..., de même que... ainsi... (Comparaison, p. 195).

Version 5.

Il est indispensable de faire la version en *deux* ou *trois* séances, jamais d'un seul coup.

1. Tunc e pastóribus agricolæ facti sunt, Ægyptiórum præcépta et exémpla imitántes. Attamen pastórum mores diu servavérunt, in divérsas tribus divisi, quæ separátim in dómibus, sicut olim in tabernáculis, vivébant.

2. Magna autem pericula homínibus imminent qui non in unum pópulum, in unum exércitum, sub uno duce congregántur, et tempus periculi exspéctant ut sese cóngregent. Non licet enim iis, vagórum pastórum more, cum pecóribus et tabernáculis fúgere. Nec possunt domus et agros armis defóndere, sine justo exércitu, advérsus justum hóstium exércitum.

3. A Judícibus tamen protécti sunt quos eligébant quum hostis imminébat, et quorum virtus contra Philistínos, Moabítides, Ammonítas, duódecim Israël tribus sæpe deféndit. Nam Dóminus díxerat Josué : « Non dimíttam nec derelínquam te. » Non derelíquit ergo Dóminus Júdices, fortíssimos viros, Gedeón, Jephté, Samsón nómine, et sapientíssimum ómnium, Samuélem, prophétam, diligentíssime túitus est (protéger, déponent). Nec tempóribus illis erat rex in Israël.

Nouvelle modification du plan des leçons.
(Voir p. 32 et 46.)

Leçon.	Pages du cahier.	Tableaux et verbes.
I	1-19	1re, 2e, 4e et 5e déclinaisons.
II	20-39	3e déclinaison.
III	40-59	Pronoms.
IV	60-79	*Sum, amo, déleo.*
V	80-99	*Lego, cápio, aúdio.*
VI	100-124	*Amor, déleor.*
VII	125-158	*Legor, cápior.*
VIII	159-200	*Aúdior.*

2ᵉ heure.

Leçon I.

Thème 5.

L'exemple des Egyptiens fut très utile aux Hébreux. — Ils abandonnèrent les mœurs des pasteurs, lorsqu'ils habitèrent la terre de Chanaan. — Ils cultivèrent les champs de cette terre riche en blé, « où coulaient, disent les livres saints, le lait et le miel », et vécurent dans des maisons, non, comme autrefois, sous des tentes. — Pourtant, ils restèrent divisés en douze tribus et ne se réunirent pas tout de suite en un seul peuple.

Toujours et partout, les peuples ainsi divisés sont la proie des ennemis qui les entourent. — Ils n'ont pas en effet de chef unique, d'armée régulière (tournez : *un* chef,... *une* armée...) ; ils ne sont pas réunis immédiatement, lorsque les ennemis menacent leurs biens, leurs récoltes, leurs épouses et leurs enfants (tournez : d'eux). — Ils ne peuvent, ni fuir comme les pasteurs, qui errent avec leurs (*suus*) troupeaux et leurs tentes, ni défendre leurs maisons et leurs champs par les armes.

Lorsque le danger menaçait, ils élisaient un juge, homme courageux, qui réunissait les soldats. — Ainsi, Josué, Gédéon, Samson purent vaincre les ennemis des tribus d'Israël ; le Seigneur ne les abandonna pas et leur donna de nombreuses victoires. — Mais souvent aussi, les Philistins vainquirent l'armée d'Israël. — Alors, le peuple disait : « Nous voulons un roi, afin qu' (*ut* et le subj.) il soit à la tête de notre armée. »

VI

MŒURS DES CHAMPS

Le dévouement de Ruth.

1ʳᵉ heure.

Leçon II.

Vocabulaire.

Noms : *Spica, æ*, (f.) l'épi. — *Hordeum, i*, l'orge. — A *pater* : *paterfamilias, patrisfamilias*, le père de famille. — *Socrus, ûs* (f.), la belle-mère. — *Nurus, ûs* (f.), la bru.

Adjectifs : *Amarus, a, um*, amer.
    Amaritudo, inis, l'amertume.
Plenus, a, um, plein de. — *Vacuus, a, um*, vide.
A *felix* : *infelix, icis*, malheureux.
Pauper, eris, pauvre (se décline sur *vetus*).

Verbes : *Pleo, es, evi, etum, ere*, emplir.
    Repleo, es, evi, etum, ere, remplir.
Verto, is, verti, versum, vertere, tourner.
    Revertor, eris, reversus sum, reverti, revenir, retourner.
Meto, is, messui, messum, metere, moissonner.
    Messis, is, la moisson.
    Messor, oris, le moissonneur.
Jubeo, es, jussi, jussum, jubere, ordonner.
A *lego* : *colligo, is, legi, lectum, ligere* : 1. rassembler ;
2. recueillir.
Colligam spicas quæ fugerint manus metentium, je recueil-

lerai les épis qui auront échappé aux mains des moissonneurs.

A capio : suscĭpio, is, cēpi, cĕptum, cĭpere, recueillir.

Mŏrior, mŏreris, mŏrtuus sum, mori, mourir.

   Mŏriens, moriĕntis, mourant.

Proficĭscor, eris, profĕctus sum, proficĭsci, partir.

Grădior, grăderis, gressus sum, gradi, marcher.

   Gradus, ūs : 1. pas ; 2. marche ; 3. degré.

   Egrĕdior, eris, egrĕssus sum, ĕgredi, sortir.

Grammaire.

Quia, parce que (cause), p. 183.

Ubicŭmque, partout où (question *ubi*), p. 147.

Quocŭmque, partout où (question *quo*), p. 147.

Si, si, p. 193. *Si jubes,* si tu l'ordonnes. Manière de commander, p. 155 :

   Ne vocĕtis me Noemi, ne m'appelez pas Noémi.

Version 6.

1. Noemi erat Hebrǽa mŭlier cujus filius uxŏrem Moabi-
tidem dŭxerat, Ruth nŏmine. Filio autem mŏrtuo, paupĕr-
rimæ erant socrus et nurus. Ruth tamen nolŭerat (n'avait
pas voulu) socrum relĭnquere.

2. « Quocŭmque fŭeris, inquit, ibo tecum. Pŏpulus tuus
erit pŏpulus meus et deus tuus deus meus. In terrâ quæ
te moriĕntem suscĕperit mŏriar ibĭque locum accĭpiam
sepultŭræ. »

3. Profĕctæ sunt simul et venĕrunt Bethlehĕm in pătriam
Noemi. Dicĕbant mulieres : « Hǽc est Noemi. » Illa autem
ait : Ne vocĕtis me Noemi, id est pulchram ; sed vocăte me
Mara, id est (c'est-à-dire) amăram, quia amaritŭdine replĕvit
me Omnĭpotens.

4. « Egrĕssa sum plena bonis ; et văcuam redŭxit me
Dŏminus. Cur ergo vocătis me Noemi, quam Dŏminus

humiliávit ? » Revérsæ sunt autem témpore quo hórdea metebántur.

5. Dixítque Ruth Moabítis ad socrum suam : « Id jubes, vadam in agrum ; et cólligam spicas quæ fúgerint manus meténtium, si clemens in me fúerit paterfamílias, agri dóminus. » Cui illa respóndit : « Vade, fília mea. »

2ᵉ heure.

Leçon III.

Thème 6.

Le livre de Ruth nous raconte les mœurs des bons laboureurs, dans la terre de Bethléem. Ruth était la belle-fille de la pauvre Noémi ; celle-ci avait perdu son fils, celle-là son mari ; parce que le fils de l'une avait été le mari de l'autre. — Le chagrin de l'une et de l'autre était grand ; mais Dieu avait donné à toutes deux un grand courage. — Ruth aimait sa belle-mère ; elle ne la quitta pas ; elle voulut vivre et mourir avec elle. — Elles partent ensemble et viennent à Bethléem. — Noémi retourna donc avec sa belle-fille dans la patrie qu'elle avait quittée heureuse. — Elle y retourna malheureuse, très malheureuse, et elle ne voulut pas être appelée Noémi, c'est-à-dire, belle (au nominatif), mais Mara, c'est-à-dire amère, parce qu'elle était remplie d'amertume. — Les laboureurs moissonnaient alors l'orge, au temps (ablatif) des moissons. — La coutume était pour les femmes pauvres (datif) de recueillir (infinitif) les épis qu'avaient laissés les hommes moissonnants. — Les pères de famille étaient cléments. — Les maîtres des champs donnaient volontiers des épis aux pauvres femmes qui les recueillaient.

VII

LA CHARITÉ DE BOOZ

« Booz dormait auprès des boisseaux pleins de blé.
Ce vieillard possédait des champs de blés et d'orge ;
Il était, quoique riche, à la justice enclin....
Sa barbe était d'argent comme un ruisseau d'avril,
Sa gerbe n'était point avare ni haineuse...
Cet homme marchait pur loin des sentiers obliques,
Vêtu de probité candide et de lin blanc. »

1re heure.

Leçon IV.

Vocabulaire.

Noms : *Poéta, æ* (m.), le poète.
A *puer : puélla, æ,* la jeune fille.
Fámulus, i, le serviteur.
Tergum, i, le dos.
 Colligébat spicas post terga meténtium, elle recueillait les épis derrière le dos des moissonneurs.
Verbum, i : 1. le mot ; 2. la parole.
Vestigium, ii : 1. plante du pied ; 2. trace de pas.
 Sequens messórum vestigia, suivant les pas des moissonneurs.
A *rego : regnum, i :* 1. royauté ; 2. trône ; 3. royaume.
Júvenis, e, jeune. Substantif : le jeune homme.
Moles, is, la masse.
 Moléstus, a, um : 1. embarrassant ; 2. fâcheux.
Merx, mercis, marchandise.
Laisser dans le cahier quatre lignes blanches et écrire à la cinquième :
 Merces. cédis : 1. salaire ; 2. récompense.

A *rego* : *régio, ónis* : 1. direction ; 2. pays.

A *rex* : *Rex regum*, le roi des rois (pour retenir le génitif en *um*).

Senex, senis : nom : le vieillard ; adjectif : vieux.

Opus, óperis (n.) : l'ouvrage.

Fides, ei, la confiance, (sens primitif ; les sens dérivés seront notés plus tard).

Fidélis, e, fidèle.

Verbes : *Mando, as, ávi, átum, áre* : 1. confier ; 2. mander ; 3. (eccl.) commander.

Núntio, as, ávi, átum, áre, annoncer.

Rogo, as, ávi, átum, áre : 1. demander ; 2. prier.

Rogáre ut (et le subj), demander de.

Spóndeo (laisser le sens en blanc, on étudiera le mot plus tard).

Respóndeo, es, respóndi, respónsum, respondére, répondre.

A *do* : *reddo, is, réddidi, rédditum, réddere*, rendre.

A *cápio* : *recípio, is, recépi, recéptum, recípere*, recevoir.

A *vénio* : *invénio, is, véni, véntum, veníre*, trouver par hasard.

Eo, is, ivi, ou *ii, itum, ire*, aller.

Abeo, is, ivi, ou *ii, ire*, s'en aller.

Solor ou *consólor, áris, átus sum, ári*, consoler.

Loquor, eris, locútus sum, loqui, parler.

Sequor, eris, secútus sum, sequi, suivre.

[Ces trois verbes sont *déponents* : forme passive mais sens actif.]

Mots invariables : *Prope*, près.

Propínquus, a, um : 1. proche ; 2. parent.

Ecce, voici, voici que.

Grammaire.

Comparatifs et superlatifs irréguliers : *Bonus, a, um*, bon ; *mélior, ius*, meilleur ; *óptimus, a, um*, le meilleur, très bon.

Complément du verbe passif : 1° nom de personne : ablatif avec *a* ou *ab*.

Amor a Deo, je suis aimé de Dieu.

Sis benedictus a Dòmino, sois béni du Seigneur.

2° Nom de chose : ablatif sans préposition.

Complétives au subjonctif : *Rogàvit ut spicas colligeret remanéntes,* elle demanda qu'elle recueillît (de recueillir) les épis qui restaient.

2ᵉ heure.

Leçon V.

Version.

1. Itaque Ruth àbiit, et colligébat spicas post terga meténtium. Ager autem ille habébat dòminum Booz, qui erat Noemi propinquus.

2. Et ecce veniébat ipse de Bethleém, dixitque messòribus : « Dòminus vobiscum ! » — Qui respondérunt ei : « Benedicat tibi Dòminus ! »

3. Dixitque Booz jùveni qui messòribus præerat : « Quæ est illa puélla ? » — Ille respóndit : « Hæc est Moabitis quæ cum Noemi venit de regióne moabitide ; et rogàvit ut spicas colligeret remanéntes, sequens messòrum vestigia. »

4. Et ait Booz ad Ruth : « Audi, filia ! Ne vadas in àlterum agrum ad colligéndum ; mandàvi enim fàmulis meis ut nemo moléstus sit tibi. Nuntiàta sunt mihi òmnia quæ fecisti sòcrui tuæ post mortem viri tui. Rèddat tibi Dòminus pro (en proportion de) òpere tuo, et plenam mercédem accipias a Dòmino Deo Israël ad quem venisti et sub cujus alas confugisti. »

5. Quæ ait : « Inveni gràtiam ante óculos tuos, qui consolàtus es me et locùtus es ad cor ancillæ tuæ. Sis benedictus a Dòmino. »

3ᵉ heure.

Leçon VI.

Thème 7.

Le maître du champ dans lequel Ruth recueillait les épis, suivant les pas des moissonneurs, était un homme pieux et juste, nommé Booz, parent de Noémi.

> Booz était bon maître et fidèle parent...
> Ce vieillard possédait des champs de blé et d'orge...

a dit un poète français. — Ce bon maître aimait ses serviteurs et ses servantes : et ceux-ci aimaient leur maître excellent, le meilleur des maîtres. « Le Seigneur soit avec vous », dit le maître. « Sois béni par le Seigneur », répondent les serviteurs. Nous n'entendons pas toujours ces mots maintenant dans nos maisons ! Les mœurs alors étaient clémentes, très-clémentes, plus clémentes qu'elles [ne] sont maintenant. — Il fut donc bienveillant pour Ruth (datif), et ses serviteurs (de lui), imitant le maître, ne furent pas désagréables pour elle. — Nous lisons avec plaisir les belles paroles du riche et bienveillant Booz, lorsqu'il loue la pieuse jeune fille qui s'est réfugiée auprès de lui, sous les ailes du Seigneur. Elles ne sont pas moins belles, les paroles de la jeune fille qui aime et loue l'excellent maître, disant : « Que le Seigneur te bénisse ! Tu m'as parlé, tu m'as consolée. Je suis ta servante ; je suis la servante du Dieu d'Israël ! Que le nom du Seigneur soit béni ! »

Ainsi parlaient les hommes aux temps antiques (ablatif) des Juges. Telles étaient les mœurs des laboureurs sur la terre de Bethléem.

VII

LE MARIAGE DE RUTH

« ...Et ceci se passait dans des temps très anciens. »

1re heure.

Leçon VII.

Vocabulaire.

Noms : *Forma, æ :* 1. forme ; 2. beauté.
  Formôsus, a, um, beau.
Capillus, i, le cheveu.
Animus, i, l'âme, l'esprit.
Rivus, i, le ruisseau.
Ripa, æ, la rive. *Rivi ripa,* la rive du ruisseau.

[Le mot *ripa* ne figure pas dans la version, mais il est bon de le porter au cahier, près de *rivus,* en le séparant de ce mot par une ligne blanche, pour éviter les confusions à venir.]

Testis, is, le témoin.
  Teste (ablatif absolu) *David cum Sibŷlla,* témoin David avec la Sibylle.
Imâgo, inis, l'image.
  Mortis imâgo, l'image de la mort.
Sedes, is, le siège.
  Sêdeo, es, sedi, sessum, sedêre, être assis.
Ædes, ædium (fém. plur.), la demeure.
  Ædifico, as, âvi, âtum, âre, construire.
Sinus, ûs, le sein.

Adjectifs : *Viduus, a, um,* veuf.

Albus, a, um, blanc mat ; *cándidus, a, um,* blanc éclatant.

[Porter ces deux mots à l'A, sans séparer *cándidus* d'*albus*. Il ne faut pas s'attacher servilement à l'ordre alphabétique ; il vaut mieux saisir l'occasion de rapprocher les mots analogues, lorsque la symétrie aide à les retenir.]

Miser, misera, miserum, malheureux.

Misericòrdia, æ, la pitié.

Brevis, e, court.

A *senex : sénior, ius,* plus vieux

Senéctus, útis, la vieillesse..

Dòminus qui sustinet senectútem tuam, le Seigneur qui soutient ta vieillesse.

A *pars : párticeps, tícipis,* qui a part à, participant (à, pars — cápio.)

Verbes : Fero, fers, tuli, latum, ferre : 1. porter ; 2. supporter ; 3. rapporter.

Téneo, es, ténui, tentum, tenére : 1. tenir ; 2. occuper.

Sustíneo, es, tínui, téntum, tinére : soutenir.

Pono, is, pòsui, pòsitum, pònere, placer.

Fúngor, eris, fúnctus sum, fungi, s'acquitter de (déponent).

Fúngor officio, je m'acquitte de mon devoir.

Grammaire.

Comparatifs et superlatifs irréguliers : p. 109.

Magnus, a, um, grand ; *major, us,* plus grand ; *máximus, a, um,* le plus grand.

Parvus, à, um, petit ; *minor, us,* plus petit ; *mínimus, a, um,* le plus petit.

Major natu, l'aîné ; *minor natu,* le cadet.

Majòres natu, les anciens du peuple (*natus, ús,* la naissance).

Proposition infinitive : p. 165 [appelée *que* retranché par le vieux Lhomond].

Je crois que Dieu est saint. Tournez : je crois Dieu être saint, *credo Deum esse sanctum.*

Nolo Ruth et Noemi solas et paúperes manére, je ne veux pas que Ruth et Noémi restent seules et pauvres.

2ᵉ heure.

Leçon VIII.

Version 8.

1. Jam senex erat Booz, dives agrórum dóminus. Jam cándida ejus barba, cándidi erant capílli. Júvenis et formósa Ruth Moabítis. Misericórdia autem altérius erat magna, altérius grátia non minor.

2. Booz ergo vocans ad se decem viros inter senióres civitátis dixit eis : « Sedéte hic. Nolo Noemi propinquam meam, nolo Ruth, nurum ejus, solas et paúperes manére. Volo víduam puéllam uxórem dúcere ; volo eam ómnium divitiárum participem fíeri (devenir). »

3. Majóres natu respondérunt : « Nos testes sumus. Benedícat tibi Dóminus et mulíeri quæ in domum tuam ingréditur ; ut sit felix sicut Rachel et Lia quæ ædificavérunt domum Israél et det exémplum virtútis in Bethlehém. »

4. Itaque Booz accépit Ruth uxórem. Et Dóminus eis fílium dedit. Dixerúntque mulíeres ad Noemi : « Benedíctus, qui consolátur ánimum tuum et sústinet senectútem tuam », susceptúmque púerum Noemi pósuit in sinu suo et nutrícis fungebátur offícío.

3ᵉ heure.

Leçon.

Interrogation écrite sur les verbes passifs.

Thème 8.

Les livres saints disent : « La barbe de Booz était blanche. » Le poète Hugo dit :

Sa barbe était d'argent comme un ruisseau d'avril (1).

(1) *Aprílis, e,* d'avril (adj.). — Sa = de lui.

Les poètes, en effet, aiment les images et les métaphores. — Μεταφορά est un mot grec. Il vient de μετά, après et φέρω, porter : μεταφέρω, je transporte ; en latin : *transfero*. Nous transportons l'image d'une chose à une autre chose, du métal « l'argent » à la barbe « blanche ». L'argent est blanc ; la barbe est blanche comme l'argent. Nous comparons la barbe à l'argent, mais nous ne disons pas « comme » ; nous disons, non pas

   la barbe est semblable à l'argent.

mais

   la barbe est d'argent.

La métaphore est une comparaison courte, a dit Aristote (*Aristôteles*), le philosophe grec.

Aristote a donné un autre exemple de comparaison et de métaphore :

   « Achille s'avançait, semblable à un lion. »

est une comparaison, parce que nous disons « semblable à ».

   « Ce lion s'avançait »

est une métaphore parce que nous ne disons plus : « Achille semblable à ». Achille est le lion lui-même.

Vocabulaire.

Leo, leônis (m.), le lion.
Cedo, cedis, cessi, cessum, cédere : 1. marcher ; 2. s'avancer.
 Incêdo, is, mêmes formes ; mêmes sens.
Achilles, is, Achille.
Par, paris, égal, semblable.
Cômparo, as, âre, comparer.
 Comparâtio, ônis, comparaison (1).
Non jam ou *jam non,* ne plus ; p. 122.

(1) Il est bon que ce thème soit précédé d'une explication française sur la métaphore, analogue à celle que nous avions faite en Première sur un passage de l'*Expiation* (V. *Méthode Littéraire*, p. 636). Nous avions préféré, nous adressant à des enfants de Sixième, prendre cette fois nos exemples de comparaisons et de métaphores dans les fables de La Fontaine. Mais le procédé reste toujours le même.

Deux spécimens d'interrogation écrite.

Première interrogation : verbes passifs.

I. Sois aimé.
Que tu sois aimé.
Tu seras aimé.
Avoir été aimé.

II. Ils ont été détruits.
Soyez détruits.
Que vous fussiez détruits.
Que vous eussiez été dé-
truits.

III. Tu seras lu.
Devoir être lu (futur).
Qui doit être lu (oblig.).
Que tu sois lu.

IV. Tu es pris.
Que tu fusses pris.
Ils seront pris.
Sois pris.

V. Tu es entendu.
Tu seras entendu.
Que tu fusses entendu
Sois entendu.

VI. Énumérer les cinq différences entre *legor* et
cápior.

Seconde interrogation
(faite huit jours après la première).

1. Vous êtes lus.
2. Vous serez lus.
3. Que vous soyez lus.
4. Que vous ayez été lus.
5. Devoir être lus (futur).
6. Ils auront été lus.
7. Qu'ils aient été lus.
8. Tu es pris.
9. Sois pris.
10. Soyez pris (plur. impér.).
11. Que vous soyez pris (plur.).

12. Qu'il eût été pris.
13. Qu'il fût pris.
14. Que j'aie été pris.
15. Ils sont pris.
16. Tu es entendu.
17. Tu étais entendu.
18. Tu seras entendu.
19. Que tu sois entendu.
20. Que tu fusses entendu.
21. Soyez entendus (pl. imp.).
22. Avoir été entendu.

TROISIÈME SÉRIE D'HISTOIRE

L'AGE DES ROIS

Le royaume juif vers l'an 1000 avant J.-C.

1

Εἷς κοίρανος ἔστω (*Homère*).

IL NOUS FAUT UN CHEF

La résistance de Samuel.

Vocabulaire.

Noms : *Oliva, æ* (f.) : 1. l'olive ; 2. l'olivier.
  Olivétum, i, plantation d'oliviers.
  Oleum, i : 1. huile d'olive ; 2. huile.
Ancilla, æ, la servante.
Equus, i, le cheval.
  Eques, equitis, le cavalier.
  Equitis equus, le cheval du cavalier.

[Multiplier les expressions de ce genre ; rien n'aide mieux à distinguer les termes analogues que de les réciter ensemble, sous une forme et à des cas différents. Deux mots se retiennent plus facilement qu'un seul ! Ainsi le veut la loi de l'association des idées.]

Faber, fabri : 1, artisan ; 2. forgeron.
  Faber, filius fabri, ouvrier, fils d'ouvrier.
Vitis, is, la vigne.
Seges, ségetis : 1. terre-ensemencée ; 2. moisson (sur pied).

A *senex* ; *senésco, is, sénui, senéscere,* vieillir.

[Encore un mot à rattacher à *senex.* Plus on avance, plus on voit grossir les familles. Dès la fin du quatrième mois de Latin, sur cinq mots que l'on porte au cahier, trois au moins se trouvent prendre place à côté de mots déjà connus. C'est une satisfaction pour l'esprit et un secours pour la mémoire.]

Sermo, ónis : 1. entretien ; 2. langage.

A *jus : júdico, as, ávi, átum, áre,* juger.

[Encore une famille déjà formée, qui s'accroît pour la troisième fois.]

A *liber : libértas, tátis,* la liberté.

Adjectifs : *Univérsus, a, um* (*unus* et *versus*), réuni en un tout ; *univérsi, æ, a,* tous ensemble.

Verbes : A *pono : Fílios vestros ponet in cúrribus suis,* mettra vos fils sur ses chars.

A *tollo : Sublátá causá, tóllitur effèctus,* la cause supprimée, l'effet disparaît.

[Nous réunissons dans un seul exemple, facile à retenir et inoubliable, deux formes très différentes d'un même verbe. — Les maximes et les proverbes peuvent rendre ainsi les plus grands services.]

A *impérium : ímpero, as, ávi, átum, áre,* commander.

   Imperátor, óris, le général en chef.

A *placeo : displiceo, es, cui, citum, cére,* déplaire.

Curro, is, cucúrri, cursum, cúrrere, courir.

   Cursus, ús, la course ; *cursor, óris,* le coureur.

   Claudus in viá antecédit cursórem extra viam, un boiteux, sur la route, dépasse un coureur hors du chemin (maxime de Bacon sur l'utilité de la méthode).

[Laisser dix lignes blanches.]

   Currus, ús, le char.

Móneo, es, ui, itum, ére, avertir.

A *sto : státuo, is, ui, útum, úere,* établir.

   Constítuo, is, ui, útum, úere, établir.

Fàcio, is, feci, factum, fàcere, faire.

Aùdio, is, ìvi ou *ìi, ìtum, ìre :* 1. entendre ; 2. écouter.

Exaùdio, is, ìvi ou *ìi, ìtum, ìre :* 1. entendre de loin ; 2. entendre nettement ; 3. exaucer.

Grammaire.

Nequàquam, en vain, p. 121.

Pro : 1. devant ; 2. pour ; 3. au lieu de, p. 124.

Pro nobis pugnàbit, il combattra à notre tête (premier sens).

Ora pro nobis, prie pour nous (second sens).

Pro pàtriá mori, mourir pour la patrie.

Version 1.

1. Univèrsi majòres natu Israël ad Samuèlem venèrunt eìque dixèrunt : « Ecce tu senuìsti. Constìtue nobis regem, ut jùdicet nos, sicut et omnes habent natiònes. »

2. Displìcuit sermo Samuèli, et ait : « Hoc erit jus regis qui imperatùrus est vobis : fìlios vestros tollet et ponet in cùrribus suis, faciètque eos sibi èquites præcursorèsque quadrigàrum (*quadriges*) suàrum.

3. Et constìtuet eos sibi tribùnos et centuriònes et aratòres / agròrum suòrum, et messòres sègetum, et fabros armòrum et cùrruum suòrum. Agròs quoque vestros et vites et olivèta òptima tollet et dabit servis suis.

4. Servos ètiam vestros et ancìllas et jùvenes òptimos et àsinos aùferet. Greges quoque vestros addecimàbit (*il soumettra à la dîme*), vosque èritis ejus servi.

5. Clamàbitis tunc advèrsus regem vestrum, quem elegèritis vobis. Nec vos exaùdiet Dòminus. »

6. Nòluit autem pòpulus audìre vocem Samuèlis, sed dixèrunt : « Nequàquam lòqueris. Rex enim erit super nos, et èrimus nos quoque sicut omnes gentes ; judicàbit nos rex noster, et egrediètur ante nos, et pugnàbit in bello pro nobis. »

Rois, I, viii.

Thème 1.

Lorsque les Hébreux voulurent avoir un roi, Samuel leur dit tout (toutes les choses que : *omnia quæ*) ce qu'un homme sage peut dire contre les rois et la royauté.

« Un roi, dit-il, est un soldat qui commande à des soldats ; un roi est un maître qui commande à des serviteurs ; des hommes libres abandonnent toute liberté, lorsqu'ils élisent un roi. Vos fils conduiront ses chars (de lui) ; il prendra vos chevaux et vos ânes ; vos filles seront ses servantes (de lui) ; et chacun de vous sera son serviteur, laboureur dans les champs du roi, artisan dans la maison du roi ; il cultivera pour lui (datif) la vigne et l'olivier ; il lui donnera une partie de ses troupeaux. Alors, tout votre peuple criera contre ce maître cruel et injuste ; il dira : « Samuel parlait avec raison ; il nous avertissait, non à tort ; il voyait tous les maux qui devaient être (étaient devant être) les nôtres sous les rois que nous avons désirés. Les rois prennent l'huile de nos oliviers, les moissons de nos champs, nos chevaux et nos ânes ; ils enlèvent nos fils et nos filles, faisant ceux-ci esclaves et celles-là servantes ; les temps de la liberté étaient plus heureux ; nous vivions libres sur notre terre qui maintenant est esclave avec nous. Le Seigneur n'écoute pas les cris du peuple, parce que le peuple jadis n'a pas écouté le juge Samuel. Le Seigneur a abandonné le peuple d'Israël. »

II

LE PREMIER CHEF MILITAIRE : SAUL

Vocabulaire.

Noms : *Húmerus, i* (m.), l'épaule.
Consilium, ii : 1. sagesse ; 2. conseil ; 3. résolution ; 4...
A *possum* et *sum* : *potéstas, átis*, la puissance.

Certo, as, àre, combattre.

Certàmen, minis (n.), lutte, combat.

Poéma, èmatis (n.), le poème.

Adjectifs : *Supèrbus, a, um* (de *super,* sur) : 1. orgueilleux ;
2. fier de (abl.).

Perìtus, a, um, qui a l'expérience de, habile (gén.).

Belli perìtus, habile à la guerre.

Verbes : *Aùgeo, es, aùxi, auctum, augère,* augmenter.

[Laisser quatre lignes blanches dans le cahier.]

Auctòritas, àtis, autorité morale.

A *mìneo : emìneo, es, mìnui, minère,* s'élever du milieu de.

Tùeor, èris, tùitus sum, tuèri, protéger.

[Laisser deux lignes blanches.]

Tutus, a, um : 1. qui est à l'abri de ; 2...
Tutus a perìculo, à l'abri du danger.

Parco, is, pepèrci, parcitum, pàrcere, épargner (datif).

Regi Agag pepèrcerat, il avait épargné le roi Agag.

A *do : Trado, is, tràdidi, tràditum, tràdere :* 1. livrer ;
2. confier ; 3. rapporter.

A *fero : òffero, fers, òbtuli, oblàtum, offèrre,* offrir.

Orior, orìris, ortus sum, orìri : 1. s'élever ; 2. naître.

[Laisser quatre lignes.]

Oriens, orièntis, l'Orient.
Origo, orìginis, l'origine.

Grammaire.

Ita, ainsi ; *fere,* presque ; *imo,* bien plus ; *vero,* mais,
p. 121.

Mox, bientôt, p. 146.

Proposition infinitive, p. 165 : *Dòminus jùsserat regem a
Samuèle legi,* le Seigneur avait ordonné qu'un roi fût choisi
par Samuel (un roi être choisi par Samuel).

Version 2.

1. « Primus vir qui rex fuit erat miles belli perítus. »
His verbis vetus quoddam poéma regum originem éxplicat.
Haud ália fuit origo regum in Israél.

2.   « Un grand vilain entre eux élurent,
       Le plus ossu de tant qu'ils furent,
       Le plus corsu, le plus graigneur (le plus grand),
       Si le firent prince et seigneur. »

Ita canit gállicum Rosæ poéma.

3. « Erat fílius Cis (*de Cis*), ait primus liber Regum,
nómine Saúl, ab húmero éminens super omnem pópulum.
Nullus erat vir e fíliis Israél fórtior illo. » — Illum Samuél
elégit; illum pópulus regis nómine salutávit.

4. Statim Philistínos Saúl, dux belli perítus, ómnium
fortíssimus, vicit. Ejus fortitúdine pópulus Israél servátus
grátias Dómino egit qui jússerat regem a Samuéle legi.

5. Mox vero res-áccidit quam Samuél timúerat. Rex,
potestáte supérbus, prophétæ consília non jam audiit. Imo,
ipse Dómino holocáustum óbtulit! Tunc primum certámen
fuit inter regis poténtiam et sacerdótis auctoritátem.

6. In bello advérsus Amalecítas Saúl prophétæ íterum
displícuit, quia regi Agag pepércerat. Et Samuel ait : « Non
vult Dóminus holocáusta et víctimas, sed pótius *ut obediátur*
(*qu'il soit obéi*, ou *qu'on obéisse*) voci Dómini. Mélior est
enim obediéntia quam víctimæ. Ergo regnum Israél tradétur
melióri viro. »

Thème 2.

Passif : Le troupeau du pasteur actif est augmenté. — Les
troupeaux des pasteurs paresseux sont détruits. — *Déponent* :
Dieu protège les laboureurs actifs. — Que Dieu protège
notre patrie ! — *Passif* : L'autorité morale d'un homme a
toujours été augmentée, sera toujours augmentée par son
courage et sa piété (de lui). — *Déponent* : L'armée protégera

la ville. — Les soldats auront protégé les femmes et les enfants. — Les maîtres avaient protégé les servantes. — *Passif* : Les Hébreux avaient été avertis par Samuel. — Les peuples seront toujours avertis, ont toujours été avertis par les hommes sages. — *Passif et déponent* : Le Seigneur a dit : « Que la ville soit détruite ! Que personne ne la protège ! Je ne veux plus la protéger. Je veux qu'elle soit détruite (elle être détruite). Elle doit être détruite (elle est devant être détruite). » — Caton disait tous les jours : « Carthage doit être détruite. » — Quand nous entendons un homme donnant toujours le même conseil, nous disons : « Ceci est son (de lui) Carthage devant être détruite », — C'est-à-dire : « Il est semblable à Caton dont le conseil était toujours le même : Détruisons Carthage ! Que Carthage soit détruite ! Quand Carthage aura été détruite, nous aurons la paix. Nous n'aurons pas d'autre paix. La paix ne nous sera pas donnée, si Carthage est toujours debout. » — Les Romains ainsi avertis par Caton firent une troisième guerre contre Carthage, et la ville fut détruite en l'année (abl.) CXLVI avant Jésus-Christ.

III

UN FONDATEUR D'EMPIRE : DAVID

Vocabulaire.

Noms *Adoléscens, éntis,* adolescent, jeune homme.

Arx, arcis, la citadelle.

A *tribus : tribútum, i* (n.), le tribut.

[L'un et l'autre mot seront rattachés au verbe *tribuo,* distribuer, partager, dès qu'on le rencontrera dans un texte.]

Núntius, ii : 1. messager ; 2. nouvelle.

Lignum, i, le bois.

A *ars* : *ârtifex, artíficis,* artisan, ouvrier.

Vis, vis, la violence ; *vires, vírium,* les forces.

     Vi armôrum ou *vi et armis,* par la force des armes.

A *mos : Oriéntis géntium more,* suivant la coutume des peuples de l'Orient.

Adjectifs : *Sacer, sacra, sacrum,* saint, sacré.

     Sacro, as, ávi, átum, áre, sacrer.

Verbes : *Pasco, is, pavi, pastum, páscere,* mener paître.

Celo, as, ávi, átum, áre, cacher.

     Clam, en secret.

A *fúgio* : *effúgio, is, fúgi, fúgitum, fúgere :* 1. s'enfuir ; 2. s'échapper.

A *flígo* : *afflígo, is, xi, ctum, gere,* abattre.

A *státuo* : *restítuo, is, ui, útum, úere,* rétablir.

A *ago* : *súbigo, is, égi, áctum, ígere,* soumettre.

A *do* : *condo, is, cóndidi, ítum, dere,* fonder.

Ungo, is, xi, unctum, úngere, oindre, parfumer.

     Oleo unctus, frotté d'huile, oint d'huile.

Delécto, as, ávi, átum, áre, charmer.

     Delíciæ, árum, les délices.

Fáveo, es, favi, fautum, favére, être favorable à.

     Saül primum ei favit, Saül lui fut d'abord favorable.

A *sto* : *obsto, as, óbstiti, obstátum, obstare :* faire obstacle à, résister à.

A *tego* : *tectum, i,* le toit.

A *possum* et *poténtia* : *potior, íris, ítus sum, íri,* être ou se rendre maître de.

     Arce potítus, s'étant emparé de la citadelle.

Grammaire.

Adverbes, p. 122 : *Tantum :* 1. autant ; 2. seulement ; *non tantum,* non seulement.

Sed, mais.

Subordonnées circonstancielles. Cause, p. 181 : *Quia* ou *quod*, parce que.

Saül primum ei favit, quod cithará delectabátur, Saül lui témoigna d'abord de la faveur, parce qu'il aimait la cithare (parce qu'il était charmé par la cithare).

Temps, p. 179 : *Cum,* lorsque, comme (avec l'imparfait ou le p. q. p. du subjonctif).

Cum Saül victus et occisus esset..., Saül ayant été vaincu et tué... (comme Saül avait été...).

Priùsquam, avant que.

Priùsquam senex prophéta morerétur..., avant que le vieux prophète ne mourut...

Tempéstas minátur ántequam ou *priùsquam surgat,* la tempête menace avant qu'elle ne s'élève.

Version 3.

1. David, filius Isai(1), erat formósus adoléscens. Patris oves pascébat et cithará psallébat. Saül primum ei favit, quod æger erat et cithará delectabátur. Mox vero ei invidit. David in desértum effúgit.

2. David autem a Samuéle clam sacrátus erat et óleo unctus, priùsquam senex prophéta morerétur. Cum Saül a Philistínis victus et occisus esset, David res pópuli Israël afflíctas restítuit. Non Philistínos tantum sed céteras gentes finítimas subégit, Imperiúmque cóndidit, victórum populórum tribútis dives.

3. Arce potítus est quæ in colle Sion ædificáta erat et Jerusalém urbem tegébat. Jerusalém facta est regni Israël caput. Inde David exércitum adversus Moabítides, Ammonítas et divérsos reges Sýriæ duxit. Crudéles pœnas iis impósuit, Oriéntis géntium more, et omnes pópulos, a Mediterráneo mari usque ad Euphrátem vi armórum subégit.

4. Ita David, anno circiter M ante J. C., Judæórum Impérium bello constítuit. Nec Ægýptii, nec Assýrii, nec Phœníces

(1) Pas le prophète.

ei tunc obstitérunt. Imo Hiram, rex Tyri, núntios ad eum misit, et ligna cédrina óbtulit, cum artificibus qui ædificavé-runt domum Davidis.

Thème 3.

Les rois de France étaient sacrés et oints d'huile, comme jadis avaient été sacrés et oints les rois d'Israël : ils étaient appelés les « Oints du Seigneur ». — Saül, premier roi d'Israël, fut charmé par la lyre de David adolescent; le chant de la cithare charma ce roi malade. — L'empire fondé par le roi David n'était pas grand, si nous le comparons aux empires des Egyptiens et des Assyriens. — Pourtant beau-coup de peuples et de rois avaient été soumis par lui et par les armées d'Israël, depuis l'Euphrate jusqu'à la mer Médi-terranée et depuis la mer Rouge jusqu'à l'Asie Mineure. — La capitale de l'empire Juif, protégée par la citadelle de Sion, était une ville plus belle et plus grande que toutes les autres villes de cette région; David voulait y élever au Seigneur un temple magnifique. Des ouvriers envoyés par Hiram, roi de Tyr, avec des bois de cèdre, bâtirent au roi lui-même une riche maison. — David s'était emparé par la force des armes de la citadelle de Sion, qui fut la capitale du royaume. — Elle devait être (elle était devant être) un jour la Ville Sainte d'Israël, que devaient louer (étaient devant louer) ensuite tous les peuples chrétiens.

IV

LES PSAUMES DE DAVID

Vocabulaire.

Noms : *Petra, æ,* la pierre.
Via, viæ, la route, la voie.

Calamus, i, roseau, chaume de céréale (κάλαμος).

Calamitas, átis, malheur (destruction des tiges de blé par la nielle).

Clivus, i, pente.

Declivis, e, qui s'abaisse en pente.

Declino, as, ávi, átum, áre : 1. détourner ; 2. décliner, diminuer.

Dies mei sicut umbra declinavérunt, mes jours ont décliné comme l'ombre.

Fenum, i, le foin.

Robur, oris (n.) : 1. chêne rouvre ; 2. dureté, solidité ; 3. force ; 4...

A *servo : salvátor, óris,* sauveur ; *salvus, a, um,* sauvé.

Custos, ódis (m.), gardien.

Custódio, is, ivi ou *ii, ítum, íre,* garder.

Cinis, eris (m.), cendre.

Cinerem tanquam panem manducábam, je mangeais de la cendre en guise de pain.

Potus, ús, boisson.

Potum meum flétibus miscébam, je mêlais ma boisson à mes larmes.

A *fleo : fletus, ús,* pleur.

Défleo, es, évi, étum, ére, déplorer, pleurer (actif).

Adjectifs : *Amicus, a, um,* ami ; *inimicus, a, um,* ennemi (particulier).

Miser, a, um, malheureux.

Miséreor, éris, misértus sum, miseréri, avoir pitié de.

Miserére nostri, ayez pitié de nous.

Verbes : *Spécio* (inusité), regarder.

Aspicio, is, aspéxi, aspéctum, aspicere, regarder.

Respicio, is, respéxi, respéctum, respicere : 1. regarder par derrière ; 2, avoir égard à.

Réspice ad me, Dómine, et miserére mei, jetez les yeux vers moi, Seigneur, et prenez pitié de moi.

A *rego :* (laisser dix lignes blanches).

Surgo, is, surréxi, surréctum, súrgere, se dresser.
Exsúrgo, — se lever.
Sumo, is, sumpsi, sumptum, súmere, prendre.
Consúmo, is, consúmpsi, consúmptum, consúmere : 1. dépenser ; 2. anéantir.
Arésco, is, árui, aréscere, se dessécher.
Aridus, a, um, sec, aride.
A *sequor : pérsequor, perséqueris, persecútus sum, pérsequi*, poursuivre.
Fáteor, eris, fassus sum, fatéri, avouer.
Confíteor, éris, confessus sum, confitéri, confesser, témoigner.
Lætor, áris, lætátus sum, lætári, se réjouir.
Lætus, a, um, joyeux ; *lætítia, æ*, la joie.

Verbe défectif : (formes du parfait et sens du présent) :
Mémini, isti, isse (génitif), se souvenir de.
Meménto, souviens-toi.
Memor, óris, qui se souvient de.

Grammaire.

Seu..., seu..., soit..., soit..., p. 192 (Comparaison).
Nunc..., nunc..., tantôt..., tantôt..., p. 192.
Propter, à cause de (acc.), p. 124.
Proptérea, à cause de cela, c'est pourquoi.
Manière de commander ou de défendre, p. 155 :
Delictórum juventútis meæ ne memíneris, Dómine, ne vous souvenez pas des fautes de ma jeunesse, Seigneur.

Version 4.

1. Pulchérrimis psalmis delectámur quos David cithará cécinit, seu Dómino grátias agens, seu peccáta sua deflens, cum calamitáte afflíctus est. Illa cántica nunc et Judǽi et Christiáni, seu hebráicá, seu latiná linguá, seu recentióribus linguis, in templis et in ecclésiis certátim canunt.

2. Nunc Dóminum laudat, dicens : « Quæ est in terrâ gens símilis pópulo tuo Israël ! », aut : « Dóminus (est) petra mea et robur meum. Laudábilem invocábo Dóminum, et ab inimícis tutus ero, quia secútus sum vias Dómini. Pérsequar inimícos meos ; cadent sub pédibus meis. Misit sagíttas et dissipávit eos ; misit fulgur et consúmpsit eos. »

3. Nunc peccáta sua deflet : « Delictórum juventútis meæ noli meminísse, Dómine. Réspice ad me et miserére mei, quia solus et pauper sum. Vide humilitátem meam et labórem meum, et dimítte (*pardonne*) univérsa delicta (*péchés*) mea. Líbera, Deus, Israël, ex ómnibus tribulatiónibus ejus. »

4. « Dómine, exaúdi oratiónem meam, et clamor meus ad te véniat.. ; quia cínerem tanquam panem edébam et potum meum cum fletu miscébam.... Dies mei sicut umbra declinavérunt, et ego sicut fænum arui... Tu exsúrgens miseréberis Sion, quia venit tempus miseréndi ejus. »

(Ps. XXIV et CI.)

Thème 4.

Qui n'a lu le beau chant de David sur la mort de Saül et de Jonathas, dans le second livre des Rois ? — « Tes chefs, dit-il, ô Israël, sont tombés sur tes montagnes. N'annoncez pas ce malheur dans la ville de Geth, ne l'annoncez pas à Ascalon (*Ascalo, onis,* à l'ablatif sans préposition), de peur que (*ne*) les filles des Philistins, l'entendant, [ne] se réjouissent (subj. présent). Saül et Jonathas étaient beaux et grands, plus rapides que des aigles, plus courageux que des lions. Filles d'Israël, pleurez sur (au sujet de) la mort de Saül ! Comment sont morts ces hommes courageux dans la bataille ? Je pleure ta mort, ô mon frère Jonathas ! Je t'aimais comme (*ut*) une mère aime son fils unique. »

Pourtant, nous lisons plus volontiers les chants par lesquels il rend grâces au Seigneur. Il appelle Dieu sa pierre, sa force, son sauveur. Par le secours d'Iahvé, il a poursuivi ses ennemis, qui sont tombés sous ses pieds.

Les plus beaux de tous les psaumes sont ceux dans lesquels il a pleuré ses péchés. Il se souvient des fautes de sa jeunesse. « Que le Seigneur, dit-il, ait pitié de Sion et de son roi (du roi d'elle) ! Le temps est venu d'avoir pitié d'eux. La cendre est leur (d'eux le) pain et les pleurs sont mêlés avec leur boisson. Les jours du roi David déclinent comme l'ombre et il a lui même séché, il sèche comme le foin des champs. »

Quelques mots.

Pugnus, i, le poing ; *pugna, æ,* la bataille.
Aquila, æ (f.), l'aigle.
Leo, leónis, le lion.
Modus, i (m.): 1. mesure ; 2. manière.

[Laisser six lignes.]

Quómodo ? De quelle manière, comment ?
Velox, ócis, léger, agile.

Grammaire.

Apposition (dans la syntaxe d'accord) : *Urbs Roma,* la ville de Rome.

Thème de revision
donné en composition, et fait à peu près sans fautes
par les meilleurs élèves.

CE QUE NOUS AVONS LU.

1. Nous avons lu l'histoire des Grecs et des Romains. Les victoires d'Alexandre sont belles, mais les victoires des Athéniens qui avaient vaincu les Perses étaient encore plus belles. Les Carthaginois furent vaincus par les navires et les flottes des Romains. Guerres cruelles, guerres que déploraient déjà les mères, vous avez été louées par tous les historiens anciens !

2. Nous avons vu auparavant avec plaisir les pasteurs chaldéens et les patriarches Hébreux, qui observaient les étoiles racontant la gloire de Dieu. Nous avons entendu Abraham et

les descendants de cet ancêtre louant la justice et la piété. Nous avons aimé les mœurs pures de ces hommes, lorsque Eliezer parla avec Rébecca auprès de la fontaine, ou que Bathuel donna sa fille comme épouse au fils d'Abraham.

3. Non moins belle avait été l'histoire du peuple Hébreu qui abandonna l'Égypte et reçut dans le désert la loi du Seigneur. Nous avons lu les préceptes dont tous les peuples honorent maintenant la sagesse. Nous avons admiré les Juges par lesquels les Hébreux furent d'abord sauvés. L'histoire du riche et bienveillant Booz qui épousa Ruth, seule et pauvre, ne nous a pas moins plu que l'histoire de Rébecca.

———

V

UN SOUVERAIN ORIENTAL

LE FASTE DE SALOMON.

Vocabulaire.

Noms : *Aréna, æ,* (f.), le sable.
Capra, æ, la chèvre.
   Cáprea, eæ, chèvre sauvage, chevreuil.
Gemma, æ, pierre précieuse.
Simia, æ (f.), le singe.
Nauta, æ (m.), le matelot.
Cibus, i (m.), la nourriture.
Finis, is (m.) : 1. ce qui limite, frontière ; 2. ce qui est limité par des frontières, territoire ; 3. ce qui termine, fin.
Navis, is (f.), le navire.
A *merx : mercátor, óris,* le marchand.
   Merces, édis (f.), récompense, salaire.
Pavo, ónis, le paon.
Ficus, ús (f.), le figuier.

Adjectifs : *Ruber, rubra, rubrum*, rouge.
Pinguis, e, gras.

Verbes : *Venor, áris, átus sum, ári*, chasser (déponent).
Eo. is, ivi, itum, ire, aller.
Iter, itíneris (n.) : 1. voyage ; 2. chemin. *Iter fácere*, faire
route.
Comes, cómitis, compagnon. — *Comitátus, ús*, cortège.
Alo, is, álui, altum, álere, nourrir.
    Almus, a, um, nourricier ; *alma mater*, mère nourricière.
Altus, a, um : 1. haut (qui a grandi) ; 2. profond.
Altilis, e, engraissé. — *Avis áltilis*, poularde ; *altilia*,
volailles engraissées.

[Les rapprochements de sons qui ont l'air de calembours,
facilitent grandement le travail de la mémoire. Il ne faut pas
négliger ce secours, toutes les fois que les analogies dans les
formes correspondent à des rapports réels entre les sens.
Bréal, qui en a tiré un excellent parti, est quelquefois hardi
jusqu'à la témérité ; par exemple, lorsqu'à l'article *cor* (1),
il explique le mot *credo* par « donner son cœur » (*cred-dare*) ;
le rapprochement est si ingénieux qu'il inspire quelque
inquiétude... Mais presque toujours, il faut suivre, sur ce
point comme sur les autres, l'exemple du grand maître.]

A veho ; vectigal, ális (n.) : 1. impôt ; 2. tribut (ce qu'on
apporte).
A dico : dício, ónis, autorité, puissance.
    In diciónem redígere, réduire en sa puissance.
    Esse in dicióne alicújus, être sous l'autorité de quelqu'un.

[Lire particulièrement ici la notice de Bréal (page 64),
sur le sens primitif de *dico*, aussi bien que sur les rapports
entre *dício* et *condício*.]

[Examiner à ce propos ses articles les plus suggestifs sur
almus, pro, sáncio, sédeo (t. b.), *cerno, credo, árguo* (curieux
pour la filiation des sens). *impérium* et *auctóritas, pango* et
pax, os et *oro, munus* et *commúnis, váleo, penus* et *Penátes*,

(1) P. 50 de son *dictionnaire étymologique latin*.

ars, pugnus et *pugna, salus* (étude de métaphore), *tribus.* —
Il n'y a pas besoin de savoir beaucoup de latin (quand on
a par ailleurs l'habitude du travail), pour comprendre la
portée des observations de Bréal ; et sa méthode simple,
puissante, permettra de faire par la suite des progrès très
rapides.]

    Tero, is, trivi, tritum, térere : 1. frotter ; 2. broyer.

        Triticum, i, blé, froment (ce qui est broyé sous la meule).

    A *tribus : tribuo, is, ui, útum, úere :* 1. répartir par tribu,
2. répartir.

        tribúnus, i, le tribun (magistrat de la tribu).

        tribúnal, ális (n.), lieu où siégeaient les tribuns, et
plus tard d'autres magistrats: tribunal.

    A *scando : conscéndo, is, ere,* monter sur.

        Navem conscéndere, s'embarquer sur un navire.

    A *cápio : excípio,, is, cépi, céptum, cípere :* 1. retirer, excep-
ter : 2. accueillir.

    Edo, edis ou *es, edi, esum, édere,* manger.

    Veho, is, vexi, vectum, véhere, transporter, voiturer.

[Encore quatre colonnes très intéressantes de Bréal sur la
famille de *vehere* ; il y rapproche la racine latine des racines
sanscrites et anglo-saxonnes ; il retrouve dans l'histoire des
mots l'histoire des idées. Ce n'est pas seulement le *latin*
qu'on apprend à pareille école.]

    A *licet : non licet dicere,* il n'est pas permis de dire.

Grammaire.

Pronoms corrélatifs, p. 1 :

Qualis pater, talis filius, tel père, tel fils.
Quot cápita, tot sensus, autant de têtes, autant d'avis.

Version 5.

    1. De David et Salomóne non licet dícere : « Qualis pater,
talis filius ! » — Bellum enim alter amáverat, alter pace

delectátus est. Nunquam divítior et felícior fuit pópulus Israël quam annis M-DCCCCL, Salomóne regnánte.

2. Juda et Israël innumerábiles erant sicut aréna maris, comedéntes et bibéntes atque lætántes. Unusquisque habitábat sub vite suâ et sub ficu suâ. Sálomon autem in dicióne suâ tenébat ómnia regna usque ad fines Ægýpti. Reges úndique ei múnera offerébant. Imo Pharaónis fíliam rex Judæorum uxórem duxit, amicítia cum Ægyptiórum rege factâ.

3. Non tantum munéribus regum et victárum géntium tribútis, sed et vectigálibus pópulo Israël impósitis dives erat Sálomon. Multi ergo mílites et cómites in spléndido palátio circum eum vivébant, quorum cibus erat quotídie nonagínta cori (1) farínæ, trigínta boves pingues et centum ariétes, exceptâ venatióne cervórum aut capreárum, excéptis etiam altílibus ávibus.

4. Mercatóribus tandem favit, qui per Judæam iter faciébant ut camélos mércibus onerátos ab Ægýpto ad Mesopotámiam dúcerent. Classem quoque in rubro mari instrúxit, cujus naves nautæ, ab Hiram missi, conscendérunt. Qui cum venissent in Ophir (2), aurum, argéntum, elephantórum dentes, símias et pavónes secum retulérunt. Ipsa regina Sabæ fertur ad regem Salomónem venisse, cum multo comitátu et camélis arómata, aurum, pretiosásque gemmas portántibus... Talis fuit Salomónis glória.

—Rois, III, 5-10, passim.

Thème 5.

Observation préliminaire.

A partir d'ici, nous aurons avantage à faire reposer chaque thème sur une ou deux règles de la syntaxe, en particulier sur les parties essentielles de la *subordination* (propositions

---

(1) Le *kor* valait 388 litres.
(2) L'Inde.

relatives, complétives et circonstancielles). Nous avons déjà recueilli sur chacun de ces points un certain nombre d'exemples, aisément compris par les enfants qui connaissaient bien la grammaire française, non moins utiles à ceux qui, l'ignorant encore, ne l'auraient jamais apprise sans cette heureuse nécessité. Nous ajouterons encore d'autres spécimens tirés des textes. Puis, nous nous en inspirerons pour tirer de notre propre grammaire les types de phrases très simples qui composeront désormais nos thèmes.

Revision de la syntaxe des propositions subordonnées (1).

I. — Propositions relatives.

Voici les droits du roi qui va vous commander. — Vous crierez alors contre le roi même que vous aurez choisi. — Ceux-ci étant venus dans le pays d'Ophir... (tournez : ceux-ci, comme ils étaient venus, au subjonctif). — Celui-ci ayant dit... (idem).

II. — Propositions complétives.

1. INFINITIVES.

A) *Infinitif sujet :* Il est honteux que beaucoup d'élèves soient paresseux.

B) *Infinitif complément d'objet :* Je crois que David a été un grand roi. — Le Seigneur ordonna à son peuple d'aller dans la terre de Chanaan. — Le Seigneur avait ordonné qu'un roi fût choisi par Samuel. — On rapporte que la reine de Saba vint vers le roi Salomon (à traduire de deux manières).

2 et 3.

Nous laissons de côté, pour le moment, les *complétives au subjonctif* et *l'interrogation indirecte*, mais nous en marquons la place, pour donner aux élèves l'habitude de songer toujours au plan général de la syntaxe.

(1) D'après les textes relatifs à Samuel, Saül, David et Salomon.

III. — Propositions circonstancielles.

1. Temps.

Eliezer était arrivé à la fontaine avant que Rébecca quittât la maison de son père.

Les Egyptiens ayant été vaincus et tués, le roi d'Assyrie raconta sa victoire sur les monuments (ou : ayant vaincu les Egyptiens, le roi, etc.).

2. Cause.

Quia : Saül déplut à Samuel, parce qu'il avait épargné le roi Agag (datif).

Quod : Saül témoigna d'abord de la faveur à David adolescent, parce qu'il était charmé par la cithare.

Les enfants lisent volontiers l'histoire du peuple d'Israël, parce qu'ils aiment la simplicité des temps anciens.

L'homme juste recevra une belle récompense, parce qu'il a suivi les voies du Seigneur.

Le Seigneur avait pitié de David, parce qu'il était seul et pauvre.

3. But.

Ut, afin que, et *qui* pour *ut ille* : Donne-nous un roi, afin qu'il soit notre juge. — Il m'a envoyé un homme pour m'avertir. — David a conduit une armée pour vaincre les Philistins.

N. B. — Avoir soin d'appliquer la règle de la concordance des temps :

1° Lorsque la *principale* est au présent de l'indicatif, la *subordonnée* doit être au présent du subjonctif;

2° Lorsque la *principale* est au parfait ou à l'imparfait de l'indicatif, la *subordonnée* doit être à l'imparfait du subjonctif.

Nous laissons ici de côté les quatre numéros ci-dessous :

3. Cause contraire.

5. Conséquence.

6. Condition.

7. Comparaison.

Chacun d'eux entrera dans les thèmes à son heure, lorsque les exemples tirés des textes seront parfaitement classés et retenus.

VI

LA SAGESSE DE SALOMON

Du cèdre a l'hysope...

Vocabulaire.

Noms : *Indústria, æ,* activité.
A *jungo : jugum, i,* le joug (τὸ ζυγόν).
    Juméntum, i, bête de somme (*ici :* quadrupède).
Páries, ietis (m.), muraille.
Fœdus, eris (n.), alliance.
    Arca fœderis, l'arche d'alliance.
Piscis, is, le poisson.

Adjectifs : *Vigil, ilis,* éveillé.
    Vigilo, as, ávi, átum, áre, veiller.
    Evigilo, as, ávi, átum, áre, s'éveiller.
Cuncti, æ, a, tous.

Verbes : *Volo, as, ávi, átum, áre,* voler.
    Vólucris, is (f.), l'oiseau.
Appáreo, es, ui, itum, ére, apparaître.
Peto, is, petívi ou *ii, petítum, pétere :* 1. chercher à atteindre ; 2. demander.
    Petiit beneficium a rege, il a demandé un bienfait au roi.

[On peut aussi porter cet exemple dans la partie grammaticale, Syntaxe de complément ; complément du verbe.

Custódio, is, ívi ou *íi, ítum, íre,* garder.

    Custos, ódis, le gardien.

·A struo : ínstruo, is, xi, ctum, ere, construire.

A *sto : státuo, is, vi, útum, úere,* décider.

Cerno, is, crevi, cretum, cérnere (passer au crible) : 1. trier ; 2. discerner ; 3. voir.

    Discérno, is, crévi, crétum, cérnere, distinguer.

Sero, is, sérui, sertum, sérere : 1. lier ; 2. tresser.

    Dissero, is, sérui, sértum, sérere : 1. disserter ; 2. discuter.

Remarquer le sens de la particule *dis,* indiquant toujours la séparation, la dissociation, la dis... corde. Porter ce verbe *sero* cinq lignes au-dessous de *sero,* semer, déjà noté.

Grammaire.

Adverbe : *Scílicet,* c'est-à-dire (*sci,* sache-le — *licet,* tu le peux).

Préposition : *Coram* (abl.), en présence de : *coram pópulo,* en présence du peuple.

Version 6.

1. Non minor fuit Salomónis pietas quam indústria. Templum quod David, cum hostes eum úndique circúmdarent, instrúere non potúerat, Sálomon, filius ejus, státuit ædificáre. Omnia ibi auro, argénto gemmísque fulgébant ; tota domus cedro vestiebátur ; nihil erat quod non auro tegerétur. In hoc pulchérrimo templo arca fœderis collocáta est.

2. Dedit quoque Deus sapiéntiam Salomóni et prudéntiam. Appáruit enim Dóminus regi nocte dormiénti, dicens : « Póstula quod vis ut dem tibi. » Sálomon respóndit : « Nunc voluísti, Dómine, fámulum tuum pro David patre meo regnáre. Ego autem sum puer párvulus... Fámulo tuo dabis ánimum dócilem, ut pópulum tuum judicáre possit et

discérnere inter bonum et malum ... » — « Quia non petísti
dies multos, ait Dóminus, nec divítias, sed sapiéntiam,
sapiéntem ánimum tibi dabo, ita ut nemo ante te símilis tui
fúerit, nec post te futúrus sit. Et hæc quæ non postulavísti
accípies : divítias scílicet et glóriam. Si autem íeris in
viis meis et custodíeris præcépta mea, longos fáciam dies
tuos. »

3. Igitur evigilávit Sálomon. Cumque Jerúsalem veníssct,
stetit coram arcâ fœderis Dómini et óbtulit holocaústa.
Tradunt autem eum tria míllia parabolárum et mille cármina
scripsísse. Disputávit de lignis, a cedro quæ est in Libano
usque ad hyssópum quæ egréditur e paríete ; et disséruit de
juméntis et volúcribus et reptílibus et píscibus. Et veniébant
hómines e cunctis pópulis ad audiéndam Salomónis sapiéntiam.

Rois, III, 3, 4 et 6, passim.

Exercices sur les propositions subordonnées.

Devoir d'analyse.

Appliquer la méthode des crayons de couleur à la seconde
phrase de la version : *Templum... ædificáre.* Souligner en *bleu*
les éléments de la principale, en *rouge* ceux de la relative, en
jaune les infinitives, en *vert* la circonstancielle de temps. —
Donner par écrit l'analyse détaillée de chaque proposition.

Thème 1.

I. — Relatives.

Il n'y avait dans le temple aucun mur qui ne se trouvât
revêtu de cèdre et couvert d'or (*se trouvât :* esset).

Il n'y avait pas de sagesse que le Seigneur n'eût donnée à
Salomon (plus-que-parfait du subjonctif actif).

Il n'y a pas de reconnaissance qui n'ait été témoignée au
Seigneur par Salomon (parfait subj. passé).

II. — Complétives.

1. *Volo* suivi, tantôt d'une infinitive, tantôt d'une complétive au subjonctif (avec ou plutôt sans *ut*) :

Demande ce que tu veux que je te donne (les deux tournures).

Je veux que tu sois heureux (infin.).

Je veux que tu viennes vers moi (subj. avec *ut*).

Tu as voulu, Seigneur, que ton serviteur régnât à la place de son père.

2. Infinitif complément :

On rapporte que Salomon a bâti le temple du Seigneur ; on dit que le temple du Seigneur a été bâti par le roi Salomon. (On rapporte = ils rapportent.)

Le temple de Dieu est dit avoir été bâti par Salomon. Salomon est dit avoir reçu de Dieu (*a Deo*) la sagesse.

III. — Circonstancielles.

Temps et but : *cum* et *ut :*

Les ennemis entourant de toutes parts le peuple d'Israël, celui-ci voulut avoir un roi et une armée pour se défendre (afin qu'il se défendît).

Salomon, étant venu à Jérusalem, alla au temple pour adorer le Seigneur.

Tu donneras au juge l'amour de la justice, pour qu'il puisse juger ton peuple, ô Seigneur !

Conséquence : *ita... ut*, de telle sorte que :

Je te donnerai la sagesse, de telle sorte que tu instruises les hommes (présent du subj.).

Un bon élève travaille de telle sorte qu'il soit aimé de ses parents et de ses maîtres (présent du subj.).

Les élèves paresseux ont toujours travaillé de telle sorte qu'ils ont toujours déplu à leur professeurs (parfait du subj.).

Les laboureurs cultivaient la terre de telle sorte qu'ils récoltaient de riches moissons (imparfait du subj.).

Condition : *Si, avec le présent de l'indicatif :*
Si tu veux la paix, prépare la guerre.
Si, avec le futur antérieur :
Si tu marches (si tu auras marché), ô Chrétien, dans les voies du Seigneur, tu recevras dans le ciel la plus belle des récompenses.
Si tu veux venir, je t'attendrai.
Si tu suis les préceptes de la sagesse, tu vivras heureux et honnête.

———

VII

SPLENDEURS ÉVANOUIES

Le schisme (955).

> « *Omne regnum divisum contra se desolabitur* » (Math., XII, 25).

Vocabulaire.

Noms : *Cura, æ :* 1. soin ; 2. souci ; 3. chagrin.
Curo, as, âre (ut), avoir soin de. *Cura ut discas,* ayez soin d'apprendre.
Fatum, fati (prédiction, oracle) : 1. Destin ; 2...
Otium, ii, loisir, repos.
Scorpio, ônis, fouet armé de pointes de fer.

Adjectifs : *Festinus, a, um,* qui se hâte.
Gravis, e, lourd.
Aggravo, as, âre, rendre plus lourd.
A *minor : minuo, uis, ui, ûtum, ûere,* diminuer.

Verbes : à *téneo : contineo, es, tinui, têntum, tinere,* retenir ensemble.
Continuo, as, âvi, âtum, âre, ranger à la suite l'un de l'autre.

Continuáti agri, des champs joints les uns au bout des autres (par le même propriétaire).

A *sédeo : assídeo, es, sédi, séssum, sidère,* être assis auprès.

Assíduus, a, um : 1. qui réside continuellement ; 2. assidu, zélé.

Pendo, is, pepéndi, pensum, péndere, peser.

Pondus, pónderis (n.), le poids.

A *servus : sérvio, is, íi, ítum, íre :* 1. être esclave ; 2. servir.

Tibi serviémus, nous te servirons.

For, faris, fatus sum, fari, parler.

Infans, ántis, enfant en bas âge (qui ne parle pas).

Oblivíscor, eris, oblítus sum, oblivísci (gén.), oublier.

Nítor, eris, nisus ou *nixus sum, níti :* 1. s'appuyer fortement sur ; 2. faire effort.

Subníxus, a, um, appuyé sur.

Iráscor, eris, irátus sum, irásci, être irrité.

Mihi iráscitur, il est irrité contre moi.

Decet, décuit, decère, il convient, il sied (acc.).

Hæc vestis me decet, ce vêtement me va bien.

Vidère quid décceat, connaître les bienséances.

[Ce verbe *decère* fournira plus tard une abondante famille : *decéntia, decus, decor, décore,* etc. Tout vient à point à qui sait attendre ! Dans le classement des mots par famille, il faut savoir attendre et se contenter de prévoir, en laissant après le mot racine toute la place nécessaire aux composés et aux dérivés.]

Grammaire.

Mots de la 4ᵉ déclinaison formant le datif ou l'ablatif pluriel en *ubus,* au lieu de *ibus :*

tribus, ús, la tribu ; *tríbubus,* aux ou par les tribus.

Version 7.

1. Brevis tamen fuit Davídis et Salomónis glória. Nec divítiæ enim, nec poténtia, nec vastum Impérium vi et

armis subníxum Israël pópulum decébant. Jam licébat de Israël dícere quod olim Christus de sese dictúrus erat : « Regnum meum non est de (1) hoc mundo. » Habébat sua fata Israël.

2. Ergo, vix mórtuo Salomóne, Samuélis verbórum decem tribus meminérunt quæ septentrionálem regiónem habitábant Pastórum mores eis placébant ; témporum illórum libentíssime meminérant cum (*conjonction*) patriárchæ fere otiósi cum (*préposition*) arméntis et camélis in Chaldææ campis errárent. Non assíduo labóre, non continuátis agris, non auri et argénti póndere summâ curâ serváto felicitátem parári credébant ; áuream paúperis mediocritátem laudábant qui, modo agri non ita magno (2) conténtus, liber in liberâ terrâ vivébat.

3. Itaque, cum Róboam, Salomónis filius, Sichem venit, dixérunt ei : « Pater tuus duríssimum jugum nobis impósuit ; tu nunc imminue paúlulum de império patris duríssimo, et serviémus tibi. » Respóndit autem rex pópulo dura : « Pater meus aggravávit jugum vestrum ; ego autem cædam vos scorpiónibus (3). » — Irátæ tribus regis Davídis nepótem ex urbe Sichem depulérunt, qui festínus ascéndit currum et effúgit Jerusalem. Nec secútus est quisquam domum David præter tribum Juda solam.

4. Sic inter duo regna, anno DCCCCLV, divísus est pópulus, quorum alter Israël, alter Juda vocátus est. Dux quidam ínclytus, nómine Jeróboam, Israelítis præfuit, Róboam autem Judǽis. Víxerat regum Davídis et Salomónis poténtia.

Exercices de thème.

Principales tournures employées dans la version, et disposées ici dans l'ordre de la grammaire.

---

(1) S¹ Jean, XVIII, 36. Nous maintenons l'expression contraire à l'usage classique (*de* dans le sens du *de* français) parce qu'elle est universellement connue.

(2). *Non ita magno* : pas si grand (qu'on pourrait le désirer), de médiocre étendue.

(3) *Rois*, III, 12.

I. — Étude de la proposition.

Divers compléments du verbe.

Accusatif: La force convient à un jeune homme et la grâce à une jeune fille. De là le vers du poète :

> Donne à nos fils la force et la grâce à nos filles.

Génitif: Je me souviens des vivants et ne puis oublier les morts. — Les Hébreux se souvenaient des paroles de Samuel.

Ablatif: Le bonheur est procuré par le travail et la vertu, non par une masse d'argent et d'or.

Datif : Les tribus d'Israël étaient irritées contre le roi Roboam, fils de Salomon. — Roboam menaça du scorpion les tribus d'Israël.

II. — Étude de la phrase.

Propositions subordonées.

Relatives et infinitives : Il n'est pas permis de faire à un autre ce que tu ne veux pas qu'on te fasse (tourner : être fait à toi).

Infinitives : Les prophètes ne croyaient pas que le bonheur pût être procuré par les richesses. — Le Seigneur voulut que son peuple fût plus grand par la piété que par la force des armes.

Circonstancielles de temps : Heureux le temps, disent les élèves paresseux, où (*quo*) les patriarches vivaient presque oisifs dans les plaines de la Mésopotamie.

Circonstancielles de but : Roboam s'enfuit à Jérusalem pour ne pas entendre les cris des tribus irritées.

Circonstancielles de cause : Les tribus furent irritées contre le roi Roboam, parce que celui-ci voulait alourdir le joug imposé au peuple par son père Salomon.

VIII

LA VOCATION D'ISRAEL

« Omnis civitas vel domus divisa
contra se non stabit. » (MATH., XII, 25.)

Vocabulaire.

Noms : *Modus, i* (m.), la mesure.

Modéstia, æ (qualité de l'homme qui a de la mesure), modération.

Módicus, a, um (qui est dans la bonne mesure), moyen, pas grand.

Cruor, cruóris (m.), le sang qui coule.

Cruéntus, a, um, sanglant.

Adjectifs : à *æquus : æquo ánimo* (d'une âme égale) : 1. avec résignation ; 2. de bonne grâce.

Verbes : *Vito, as, ávi, átum, áre,* éviter.

Séntio, is, sensi, sensum, sentíre : 1. sentir, comprendre ; 2. penser, être d'avis.

Disséntio, is, sensi, sensum, sentire, être d'avis différent.

Disséntsio, iónis, dissentiment.

A *lego : intélligo, is, lléxi, lléctum, lligere* (démêler), comprendre.

Solvo, is, solvi, solútum, sólvere : 1. dissoudre ; 2. séparer ; 3. payer (s'acquitter de).

A *sequor : óbsequor, eris, cútus sum, qui,* céder à, obéir.

Obsequéntia, æ, docilité.

Grammaire.

MANIÈRE D'EXPRIMER LE SOUHAIT, p. 152 :

Utinam et le subjonctif : plaise à Dieu, plût à Dieu ; puisse...

Utinam moriátur tyránnus ! Meure le tyran ! Puisse le tyran mourir.

Utinam mórtuus esset ! Plût à Dieu qu'il fût mort !

Inscrire au tableau des pronoms, dans la colonne de l'adjectif-pronom *hic, hæc, hoc : hujúsmodi* ou *hujúscemódi,* de cette sorte.

Version 8.

1. Utinam hæc una fuisset discórdiæ causa !... Non minor autem in unoquóque regno apparébat inter cives dissénsio quam in terrâ Chanaan inter Jerúsalem et Samáriam.

2. Ex unâ parte stabant illi qui sentiébant rempúblicam, nisi divítiis abundáret validóque exércitu defenderétur, mox ab hóstibus úndique imminéntibus evérsum iri. Illi Samuélem hortáti erant ut regem pópulo daret. Illi, regnántibus David et Salomóne, lætítiâ exsultáverant. Illis deinde reges in utróque regno nixi sunt. Mílites erant et mercatóres ; non in religione solâ felicitátem inésse credébant ; non Deo soli confidébant ut ab omni periculo tuti viverent.

3. Ex álterâ parte stabant cives qui públicam privatámque libertátem non vi armórum aut regum auctoritáte sed Dómini omnipoténtis voluntáte confirmári confidébant. « Beáti paúperes, aiébant ! Beáti qui nec divítias cúpiunt nec poténtiam ! Beáti qui, patriárchis símiles, ténui victu, simplici veste, húmili domo conténti, nil aliud cúrant quam ut justítiam colant et Dóminum Deum Israël summâ pietáte revereántur. » Illi cruéntum bellum et Assyriórum regum iram prudénti obsequéntiâ vitánda esse censébant, et tribútum æquo ánimo hosti solvébant, dummodo iis módicum agrum cólere, salvis móribus, salvâ religióne licéret.

4. Utra pars civium, divitum aut paúperum, commúni utilitáti mélius consulúerit, ex annálibus Samáriæ et Jerúsalem assídue lectis cognoscémus. Attamen jam nunc intelligitur hujúscemódi gentem, intra duo regna, atque in unoquóque regno intra duas partes divísam, formidandórum hóstium impetum male latúram esse. Ut præclára pietátis et humanitátis, sic minus laudabília forsan civílis et militáris

sciéntiæ exémpla nobis propónet. Quorum ália, minus laudánda vel imitánda, in prióre secúndi nostri libri parte, alia contra summis extollénda laúdibus in secúndâ parte leges. Utráque parte tota Israél pópuli história intra annúm CMLXV et DXXXV ante J.-C. continétur.

Questionnaire sur les quatre parties de la version.

Ire PARTIE.

1. Quels peuvent être les sens de *fuisset* ? Quel sentiment exprime-t-il dans cette proposition ?

2. Comment appelez-vous le raisonnement contenu dans la seconde phrase ? Qu'appelle-t-on la *symétrie* ?

2e PARTIE.

1. Souligner de diverses couleurs les propositions de la première phrase, la principale en bleu, la relative en rouge, l'infinitive en jaune, les deux conditionnelles en vert, et les faire lire par cinq élèves.

2. Définir, dans chaque proposition, la nature des compléments.

3. A quelle partie de la syntaxe rattachez-vous la seconde phrase ? A quelle page du cahier notez-vous cet exemple ?

4. Dans la dernière phrase, *ut* indique-t-il une proposition complétive ou une circonstancielle ? Laquelle ?

3e PARTIE.

1. Souligner de diverses couleurs les propositions de la première phrase et les faire lire par cinq élèves. La proposition infinitive sera répartie entre trois voix différentes : l'une pour les sujets et le verbe, les deux autres pour chacun des compléments.

2. Même travail sur les deux phrases : *Beati qui...* — Rétablir le verbe sous-entendu dans la principale, ainsi que l'antécédent du pronom relatif. Bien expliquer le sens de la conjonction *ut*.

Voici notre premier exemple d'interrogation indirecte. Nous en trouverons beaucoup dans les chapitres de l'*Epitome* de Lhomond.

Chercher dans une grammaire la définition de ce genre de proposition complétive et porter au cahier la note suivante, p. 172 :

1. *Interrogation directe* (faite directement par une personne) :

Quid dicis ? Que dis-tu ?
Quis venit ? Qui est venu ?

2. *Interrogation indirecte* (dépendant d'une autre proposition) :

Quæro quid dicas, je demande ce que vous dites.
Quæro quis vénerit, je demande qui est venu.

SÉRIE COMPLÉMENTAIRE

EN VUE DES LECTURES RAPIDES

QUELQUES RÉCITS DU BON LHOMOND

I. — HISTOIRE DE JOSEPH

1. Enfance de Joseph.

Jacóbus hábuit duódecim fílios, inter quos erat Joséphus. Hunc pater amábat præ cǽteris, quia senex genúerat eum. Déderat illi togam textam [1] e filis várii colóris.

Quam ob causam Joséphus erat invísus [2] suis frátribus, præsértim postquam [3] narravísset eis duplex sómnium, quo futúra ejus magnitúdo portendebátur [4].

Oderant [5] illum tantópere [6] ut non possent cum eo amíce loqui.

Vocabulaire.

1. *Texo, is, téxui, textum, téxere,* tisser.
2. *Invísus, a, um,* odieux (à *invídeo*).
4. *Porténdo, is, di, tum, dere,* présager (à *tendo — pro*).
   Porténtum, i, présage.
5. *Odi, ísti, odísse,* haïr.
   Odium, ii (n.), la haine.

Grammaire.

3. *Postquam,* après que (Temps, p. 179, 1re catégorie des circonstancielles).

6. *Tantópere ut,* tellement que (*Conséquence,* p. 191, 5e catégorie des circonstancielles).

2. Songes de Joseph.

Hæc erant Joséphi sómnia : « Ligabámus, inquit, simul manípulos[1] in agro. Ecce manípulus meus surgébat et stabat rectus ; vestri autem manípuli circumstántes venerabántur meum.

Póstea vidi in sómniis solem, lunam et úndecim stellas adorántes me. »

Cui fratres respondérunt : « Quorsum spectant ista sómnia? Num[2] tu eris rex noster? Num subjiciémur dicióni tuæ? » Fratres ígitur invidébant ei ; et pater rem tácitus considerábat.

1. *Manípulus, i* (de *manus*) : 1. poignée ; 2. gerbe de blé.
2. *Num* (Manière d'interroger, p. 153).

3. Les frères de Joseph prennent la résolution de le tuer.

Quâdam die, quum fratres Joséphi páscerent greges procúl, ipse remánserat domi. Jacóbus misit eum ad fratres, ut[1] vidéret quómodo se habérent.

Qui vidéntes Joséphum veniéntem, consílium cepérunt illíus occidéndi. « Ecce, inquiébant, somniátor venit. Occidámus illum et projiciámus in púteum ; dicémus patri : Fera devorávit Joséphum. Tunc apparébit quid[2] sua illi prosint sómnia. »

1. *Ut vidéret* (But, p. 189, n° 4 des circonstancielles).
2. *Quid prosint* (Interrogation indirécte, p. 173, n° 3 des complétives).

4. Ruben, l'aîné de ses frères, essaye de le sauver.

Ruben, qui erat natu máximus, deterrébat fratres a tanto scélere.

« Nolíte, inquiébat, interfícere púerum ; est enim frater noster ; demíttite eum pótius in hanc fóveam [1]. »

Habébat in ánimo liberáre Joséphum ex córum mánibus, et illum extráhere e fóveâ, aique ad patrem redúcere.

Reipsà [2] his verbis dedúcti sunt ad mítius consílium.

1. *Fóvea, æ,* la fosse.
2. *Reipsá,* en réalité, en effet.

5. Joseph est vendu par ses frères à des marchands.

Ubi Joséphus pervénit ad fratres suos, detraxérunt ei togam quâ indútus erat, èt detrusérunt eum in fóveam.

Deínde quum [1] consedíssent ad suméndum cibum, conspexérunt mercatóres qui petébant Ægýptum cum camélis portántibus vária arómata.

Venit [2] illis in mentem Joséphum véndere illis mercatóribus.

Qui emérunt Joséphum vigínti nummis argénteis, eúmque duxérunt in Ægýptum.

1. *Quum consedíssent,* s'étant assis ensemble... (Temps, p. 179, n° 1 des circonstàncielles).
2. La proposition infinitive, *véndere,* est le sujet de *venit* (page gauche des prop. inf., n° 1 des complétives).

6. Ils envoient à leur père la robe de Joseph, teinte de sang.

Tunc fratres Joséphi tinxérunt togam ejus in sánguine hædi quem occíderant, et misérunt eam ad patrem cum his verbis : Invénimus hanc togam ; vide an [1] toga fílii sit.

Quam quum agnovísset, pater exclamávit : « Toga fílii mei est ; fera péssima devorávit Joséphum. » Deínde scidit [2] vestem, et índuit cilícium.

Omnes líberi ejus convenérunt ut lenírent [3] dolórem
patris. Sed Jacóbus nóluit accípere consolatiónem, dixítque :
« Ego descéndam mœrens [4] cum fílio meo in sepúlcrum. »

Vocabulaire.

2. *Scindo, is, scidi, scissum, scíndere,* déchirer, fendre.
3. *Lenis, e,* doux.
    Lénio, is, íi, ítum, íre, adoucir.
4. *Maestus, a, um,* triste.
    Maeror, óris (m.), le chagrin.

Grammaire.

1. *Vide an...,* Vois si..., p. 173 (Interrogation indirecte,
n° 3 des complétives).

Nous ne marquerons plus le sens de *cum* avec l'imparfait
et le plus-que-parfait du subjonctif, lorsqu'il devra être rendu
par le participe. Ici : *comme il avait reconnu,* dites : *ayant
reconnu.* C'est le véritable équivalent français. Il faut toujours
commencer par voir s'il convient ; ce qui se présente dix-neuf
fois sur vingt.

7. Putiphar achète Joseph.

Putiphár Ægýptius emit Joséphum a mercatóribus.

Deus autem favit Putiphári causâ Joséphi ; ómnia ei
próspere succedébant [1].

Quam ob rem Joséphus benígne hábitus est ab hero [2], qui
præfécit eum dómui suæ.

Joséphus ergo administrábat rem familiárem [3] Putipháris :
ómnia fiébant ad nutum ejus, nec Putiphár ullíus negótii
curam gerébat [4].

1. A *cédere : succédo, is,* etc. 1. succéder. 2. réussir.
2. *Herus, i,* le maître.
3. A *fámulus : família, æ :* 1. ensemble des habitants de
la maison ; 2. troupe des esclaves ; 3. patrimoine, fortune.

8. **Calomnié par la femme de Putiphar, Joseph est jeté en prison. Il y rencontre deux officiers du roi Pharaon. Songes de ces deux officiers.**

Erant in eòdem càrcere [1] duo ministri [2] regis Pharaònis : alter præerat pincérnis [3], alter pistòribus [4].

Utrìque obvénit sòmnium eàdem nocte.

Ad quos quum venisset Josèphus mane [5], et animadvertisset [6] eos tristiòres sòlito, interrogàvit [7] quænam esset mœstìtiæ causa.

Qui respondérunt : « Obvénit nobis sòmnium, nec quisquam est qui [8] illud nobis interpretétur. »

« Nonne, inquit Josèphus, Dei sòlius est [9] prænòscere res futùras? Narràte mihi sòmnia vestra. »

Vocabulaire.

1. *Carcer, eris* (m.), prison.
2. A *minor,* plus petit : *minister, tri,* serviteur.

Le mot « officier », employé par Lhomond en 1784, voulait dire : « pourvu d'un office, d'une charge » ; nous avons tenu à conserver aux titres comme au texte la saveur du bon vieux temps.

3. *Pincérna, æ,* échanson (latin eccl. ; ne pas le prendre dans le cahier).
4. *Pinso, is, pìnsui* et *pensi, pinsum, pìnsere,* piler le grain.

    Pistor, òris : 1. meunier ; 2. boulanger.

5. *Mane* (ad.), le matin.
6. A *ànimus : animadvérto, is, ti, sum, tere (animum — vertere ad,* tourner son esprit vers), remarquer.

Grammaire.

7. *Interrogàvit quænam esset causa...,* Il leur demanda quelle était la cause... (Interrogation indirecte, p. 172).
8. *Nec quisquam est qui illud interpretétur... Qui* est pour

talis ut ille, tel qu'il nous explique (Conséquence, p. 191): et il n'y a personne pour nous expliquer.

Voir à ce propos, dans le cahier Géant (p. 56), les excellents exemples réunis au § 3 ; ces exemples, bien étudiés, rapprochés du § 2, expliqués au besoin par un latiniste de vos amis, vous feront parfaitement comprendre la *notion d'équivalence*, si importante à connaître pour qui veut embrasser d'un seul regard tout l'ensemble d'une syntaxe. Elle est la clé de la grammaire et le secret du style... dans toutes les langues. Le latin rend compte de ce mécanisme. C'est un des plus grands services qu'il soit appelé à rendre.

9. *Dei solius est...*, Il appartient à Dieu seul... (Génitif d'attribution, syntaxe de la proposition, p. 145).

...*prænóscere*, infinitif sujet, tandis qu'*il* (en français) n'est que le sujet apparent.

Nous ne ferons plus de remarque sur l'infinitif sujet.

9. Joseph explique le songe du grand échanson.

Tum prior[1] sic expósuit Josépho sómnium suum :.

« Vidi in quiéte vitem in quâ erant tres pálmites[2] ; ea paulátim prótulit gemmas[3] : deinde flores erupérunt[4], ac dénique uvæ[5] maturescébant[6].

« Ego exprimébam[7] uvas in scyphum[8] Pharaónis, eique porrigébam[9]. »

« Esto bono ánimo[10], inquit Joséphus ; post tres dies Pharaó te restítuet in gradum prístinum[11] ; te rogo ut[12] memíneris mei. ».

Vocabulaire.

2. *Palmes, pálmitis* (m.) : 1. sarment ; 2. branche.

3. *Gemma, æ :* 1. bourgeon ; 2. pierre précieuse.

Turgent in pálmite gemmæ (Virgile), les bourgeons gonflent sur le sarment.

4. *A rumpo : erúmpo, is, rúpi, rúptum, rúmpere :* 1. faire éclater ; 2. éclore.

5. *Uva, æ,* raisin.

6. A *mane,* le matin : *maturus, a, um :* 1. matinal ; 2. précoce ; 3. mûr.

Maturésco, is, rui, réscere, mûrir.

7. A *premo : éxprimo, is, préssi, préssum, prímere,* presser.

8. *Scyphus, i,* coupe (σκύφος).

9. A *rego : pórrigo, is, réxi, réctum, rígere,* présenter à.

10. A *ánimus : esse bono ánimo,* avoir bon courage.

11. A *primus : pristinus, a, um,* primitif, ancien.

Grammaire.

1. *Prior :* le comparatif au lieu du positif ou du superlatif, quand il s'agit de deux personnes ou objets : *validior mánuum,* p. 109.

12. *Te rogo ut* (subj.) *memíneris mei,* p. 168 (Complétives au subjonctif, n° 2 des complétives). Ajouter au cahier ce bon exemple et traduire : je te prie de te souvenir de moi.

10. Il explique le songe du grand panetier.

Alter quoque narrávit sómnium [1] suum Josépho :

« Gestábam in cápite tria canístra [2] in quibus erant cibi quos pistóres solent confícere.

« Ecce autem aves circumvolitábant, et cibos illos comedébant. » Cui Joséphus : « Hæc est [3] interpretátio istíus sómnii : tria canístra sunt tres dies, quibus elápsis [4], Phárao te fériet [5] secúri, et affíget ad palum [6], ubi aves pascéntur carne [7] tuâ. »

Vocabulaire.

1. Bien distinguer, dans le cahier : *somnus, i,* le sommeil ; *sómnium, ii,* le rêve. *Ægri sómnia,* rêves de malade (cauchemars !) (Horace).

2. *Canístra, órum,* corbeilles (τὸ κανοῦν, la corbeille ; αἱ κανηφόραι, les canéphores ; τὸ κάναστρον, vase en forme de corbeille).

4. *Labor, láberis, lapsus sum, labi :* 1. tomber ; 2. glisser.
  Tribus dies elápsis, trois jours s'étant passés.
5. *Fério, is, feríre,* frapper.
  Feríre gládio : exemple du cahier de grammaire.
6. *Palus, i,* pieu, poteau.
7. *Secúris* et *caro,* mots portés dans les listes d'exceptions (Tableau n° 1, déclinaisons).

Grammaire.

3. *Hæc est interpretátio... :* par attraction, pour *Hoc est interpretátio...* (cahier Géant, p. 21).
  Ceci est l'explication... Vois ici l'explication... *Voici* l'explication.

11. Accomplissement des deux songes.

Die tértio, qui dies natális Pharaónis erat, spléndidum convívium parándum fuit.

Tunc rex méminit ministrórum suorum, qui erant in cárcere.

Restítuit præfécto pincernárum munus suum ; álterum vero secúri percússum suspéndit ad palum. Ita res sómnium comprobávit.

Tamen præféctus pincernárum oblítus est Joséphi, nec illius in se mériti[1] recordátus est.

1. *Méreor, éris, méritus sum, meréri :* 1. mériter, être digne de ; 2. rendre service à.
  Bene meréri de repúblicá, rendre service à l'état.
  Méritum, i, service rendu, bienfait (1).

(1) Nous avons vu récemment un très bon candidat à la licence commettre un non-sens sur une phrase entière, parce qu'il ignorait le sens primitif de *meritum,* service rendu. La phrase, extrêmement subtile, ne s'éclairait que si l'on pensait tout de suite à ce sens. C'est dès le début des études qu'il faut acquérir ces connaissances précises.

12. Songes du roi Pharaon.

Post biénnium rex ipse hábuit sómnium.

Videbátur sibi adstáre Nilo flúmini ; et ecce emergébant de flúmine septem vaccæ pingues, quæ pascebántur in palúde.

Deinde septem áliæ vaccæ macræ[1] exiérunt ex eódem flúmine, quæ devoravérunt prióres.

Phárao experréctus rursum dormívit, et álterum hábuit sómnium. Septem spicæ plenæ enascebántur in uno culmo[2], aliæque tótidem exiles[3] succrescébant, et spicas plenas consumébant.

1. *Macer, macra, macrum,* maigre.
2. *Cálamus, i,* roseau (κάλαμος).
   Culmus, i : 1. tige de plante ; 2. chaume.
3. *Exílis, e,* mince, grêle, chétif.

13. Le grand échanson parle de Joseph au roi.

Ubi[1] illúxit, Phárao perturbátus convocávit omnes conjectóres[2] Ægýpti, et narrávit illis sómnium ; at nemo póterat illud interpretári.

Tunc præféctus pincernárum dixit regi : « Confíteor peccátum meum. Quum ego et præféctus pistórum essémus in cárcere, utérque somniávimus eádem nocte.

« Erat ibi puer hebræus, qui nobis sapiénter interpretátus est sómnia ; res enim interpretatiónem comprobávit. »

Vocabulaire.

2. *Conjéctor, óris,* interprète des songes (mot à négliger).

Grammaire.

1. *Ubi illúxit...* (sous-ent. *dies*), Dès que le jour brilla..., p. 179 (n° 1 des circonstancielles.)

14. Joseph explique le songe du roi.

Rex arcessívit[1] Joséphum, eíque narrávit utrúmque sómnium. Tum Joséphus Pharaóni : « Duplex, inquit, sómnium unam atque eámdem rem signíficat.

« Septem vaccæ pingues et septem spicæ plenæ sunt septem anni ubertátis[2] mox ventúræ ; septem vero vaccæ macræ et septem spicæ exíles sunt tótidem anni famis, quæ ubertátem secutúra est.

« Itaque, Rex, præfice toti Ægýpto virum sapiéntem et indústrium, qui partem frugum recóndat in hórreis[3] públicis, servétque eam diligénter in subsídium famis secutúræ. »

1. *Cieo, es, civi, citum, ciére*, mettre en mouvement.
   Arcésso, is, ívi, ítum, ere, faire venir.
2. *Uber, eris*, fécond.
   Ubértas, átis, fécondité.
3. *Hórreum, ei*, grenier.

15. Joseph est établi intendant de toute l'Égypte.

Regi plácuit consílium ; quare dixit Josépho : « Num[1] quis est in Ægýpto te sapiéntior ? nemo certe fungétur mélius illo múnere. En tibi trado curam regni mei. »

Tum detráxit e manu suâ ánnulum, et Joséphi dígito inséruit[2] ; induit illum veste býssinâ[3], collo torquem[4] aúreum circúmdedit, eúmque in curru suo secúndum collocávit.

Joséphus erat trigínta annos natus, quum summam potestátem a rege accépit[5].

Vocabulaire.

2. *Sero, is, sérui, sertum, sérere* : 1. attacher ; 2. tresser (à noter dans le cahier auprès de *sérere*, semer (*sevi, satum*).
3. *Byssus, i*, lin fin, baptiste.
4. *Torques, is* (m.), collier.

Grammaire.

1. *Num quis est...* (*quis* pour *aliquis*), est-il quelqu'un...
(*Num*, est-ce que, lorsque l'on prévoit la réponse : « non »,
manière d'interroger ou de défendre, p. 155.)

5. *Beneficium a rege accépit.* Syntaxe de la proposition,
p. 144 (V. le tableau n° 3).

16. Joseph met en réserve une partie des grains
qu'il vend ensuite.

Joséphus perlustrávit omnes Egýpti regiónes, et per septem
annos ubertátis congéssit máximam fruménti cópiam.

Secúta est inópia [1] septem annórum, et in orbe univérso
fames ingravescébat.

Tunc Ægýptii, quos premébat egéstas [2], adiérunt regem,
postulántes cibum.

Quos Phárao remittébat ad Joséphum. Hic autem apéruit
hórrea, et Egýptiis fruménta véndidit.

1. *Ops, opis,* (f.) ou *opes, opum :* 1. provision, ressource ;
2. secours.
     Inópia, æ, disette.
2. *Egeo, es, ui, ére,* manquer de, avoir besoin de.
     Egéstas, átis (f.), le besoin, l'indigence.

17. Jacob envoie ses enfants en Égypte,
et ne retient auprès de lui que Benjamin.

Ex áliis quoque regiónibus conveniebátur [1] in Egýptum
ad eméndum [2] fruméntum.

Eádem necessitáte compúlsus Jacóbus misit illuc filios suos.

Itaque profécti sunt fratres Joséphi ; sed pater retínuit
domi natu mínimum, qui vocabátur Benjamínus.

Timébat enim ne [3] quid mali [4] ei accíderet in itínere.

Benjamínus ex eádem matre natus erat quâ Joséphus [5],
ideóque ei longe cárior erat quam céteri fratres.

Vocabulaire.

2. *Emo, is, emi, emptum, émere :* 1. prendre ; 2. acheter.

Grammaire.

1. *Conveniebátur* (impersonnel), il était venu = on venait, p. 119.

3. *Timeo ne* et le subjonctif (Complétives au sub-jonctif. { *ut,* que, { *ne,* que ne, n° 2 des complétives, p. 169).

4. *Quid mali = aliquid mali* ou *aliquod malum* (Complément du pronom, p. 23 du cahier Géant).

5. *Quâ = quam eâ ex quâ Joséphus natus erat.*

18. Joseph fait semblant de les prendre pour des espions.

Decem fratres, ubi in conspéctum Joséphi venérunt, eum proni[1] veneráti sunt.

Agnóvit eos Joséphus, nec ipse est cógnitus ab eis.

Nóluit indicáre statim quis esset[2], sed eos interrogávit tanquam aliénos : « Unde venístis, et quo consílio ? »

Qui respondérunt : « Profécti sumus e regióne Chanaán ut[3] emámus fruméntum. »

« Non est ita, inquit Joséphus ; sed venístis huc ánimo hostíli : vultis exploráre nostras urbes et loca Ægýpti parum muníta. »

At illi : « Mínime, ínquiunt ; nihil mali meditámur. Duódecim fratres sumus. Mínimus reténtus est domi a patre ; álius vero non súperest. »

Vocabulaire.

1. A *pro,* devant : *pronus, a, um,* penché en avant.

Grammaire.

3. *Ut emámus,* afin d'acheter (Circonstancielle de *but,* p. 189, *ut,* afin que).

2. *Quis esset*, qui il était (Interrogation indirecte, n°3 des complétives, p. 173).

19. Joseph retient Siméon
jusqu'à ce qu'on lui amène Benjamin.

Illud Joséphum angébat quod[1] Benjamínus cum céteris non áderat.

Quare dixit eis : « Experiar an[2] verum dixéritis : máncat unus ex vobis obses[3] apud me, dum adducátur huc frater vester minimus. Céteri, abíte cum fruménto. »

Tunc cœpérunt inter se dícere : « Mérito[4] hæc pátimur : crudéles fúimus in fratrem nostrum ; nunc pœnam[5] hujus scéleris lúimus. »

Putábant hæc verba non intélligi a Josépho, quia[6] pe intérpretem cum eis loquebátur.

Vocabulaire.

3. A *sédeo*, dérivés en *sídeo* : *Obses, óbsidis*, l'otage.

4. *Méreor, éris, -itus sum, éri :* 1. mériter, être digne de ; 2. rendre service.

Bene meréri de pátriá, rendre service à l'État : bien mériter de la patrie.

Méritum, i (n.), service.

Mérito (adv.), à bon droit, avec raison.

Jure meritóque, même sens.

5. *Pœna, æ*, peine, châtiment.

Pœnas dare ou *pœnam lúere*, subir une peine, être puni.

Grammaire.

1. *Illud... quod...*, ce fait que... (Cause, p. 183, et cahier Géant, p. 52).

2. *Experiar an...* (subj.), je vais voir si... (Interrog. ind., p. 174, et cahier Géant, p. 47).

6. *Quia*, parce que (Cause).

20. Les frères de Joseph s'en retournent.

Joséphus jussit fratrum saccos impléri fruménto et pecúniam quam attúlerant repóni in ore saccórum ; áddidit insuper cibária in viam.

Deinde dimisit eos, prǽter Simeónem, quem retínuit óbsidem.

Itaque profécti sunt fratres Joséphi ; et quum venissent ad patrem, narravérunt ei ómnia quæ sibi accíderant.

Quum aperuissent saccos, ut effúnderent fruménta, mirántes reperérunt pecúniam.

21. Jacob ne veut point laisser partir Benjamin.

Jacóbus, ut audivit Benjamínum arcéssi a præfécto Egýpti, cum gémitu questus est [1].

« Orbum [2] me líberis fecístis : Joséphus mórtuus est, Siméon reténtus est in Ægýpto ; Benjamínum vultis abdúcere.

« Hæc ómnia mala in me récidunt ; non dimittam Benjamínum ; nam, si quid [3] ei advérsi accíderit in viâ, non pótero ei supérstes vívere, sed dolóre oppréssus móriar. »

Vocabulaire.

1. *Queror, reris, questus sum, queri,* se plaindre. (A inscrire après la famille de *quæro,* je cherche, afin de distinguer ces deux mots, aussi bien par le radical *æ* ou *e,* que par la conjugaison, active ou déponente.)

2. *Orbus, a, um :* 1. privé de ses parents ; 2. privé de (ὀρφανός, orphelin).

Grammaire.

3. *Si quid advérsi ei accíderit,* s'il lui arrive quelque malheur (Condition, n° 6 des circonstancielles, p. 195, et p. 59 du cahier Géant).

Quid advérsi, pour *áliquod advérsum* (déjà noté).

22. Ses enfants le pressent de consentir
au départ de Benjamin.

Postquam consúmpti sunt cibi, quos attúlerant, Jacóbus dixit filiis suis : « Proficiscímini iterum in Ægýptum, ut emátis cibos. » Qui respondérunt : « Non póssumus adíre præféctum Ægýpti sine Benjamíno ; ipse enim jussit illum ad se addúci. »

« Cur, inquit pater, mentiónem fecístis de fratre vestro mínimo ? »

« Ipse, inquiunt, nos interrogávit an pater víveret, an álium fratrem haberémus. Respóndimus ad ea quæ sciscitabátur ; non potúimus præscíre eum dictúrum esse : Addúcite huc fratrem vestrum. »

23. Jacob consent enfin au voyage de Benjamin.

Tunc Judas, unus e filiis Jacóbi, dixit patri : « Commítte mihi púerum ; ego illum recípio in fidem meam[1] ; ego servábo, ego redúcam illum ad te ; nisi fécero[2], hujus rei culpa in me residébit ; si voluísses eum statim dimíttere, jam secúndo[3] huc rediissémus. » Tandem victus pater ánnuit : « Quóniam necésse est[4], inquit, ut proficiscátur, Benjamínus vobíscum, defértte viro múnera et duplex prétium, ne[5] forte erróre factum sit ut vobis redderétur prior pecúnia. »

Vocabulaire.

1. A *fides* : *illum in fidem meam recípio,* je le prends sous ma responsabilité.

3. A *sequor* : *secúndus, a, um* : 1. qui suit, second ; 2. qui va, dans le sens de favorable.

Secúndo (latin eccl.) heureusement.

Grammaire.

2. *Nisi fécero* = *si non fécero* (Condition, déjà noté).

4. *Factum est ut.* il est arrivé que ; *necésse est ut,* il est

nécessaire que *on* de (tournures impersonnelles : le véritable
sujet est la proposition subordonnée complétive commençant
par *ut*).

Ut proficiscatur, qu'il parte, ou : *cum proficisci* (lui partir)
sit necésse, est nécessaire (Complétives au subjonctif, déjà
notées, et, cahier Géant, p. 45).

5. *Ne* (pour *ut non*), de peur que, afin que ne pas (But,
e° 4 des circonstancielles et cahier Géant, p. 54).

24. Joseph fait préparer un grand repas à ses freres.

Nuntiátum est Josépho eósdem viros advenisse[1], et cum
eis párvulum fratrem.

Jussit Joséphus eos introdúci[2] domum, et lautum[3] parári
convívium.

Illi porro metuébant ne accusaréntur de pecúniá quam in
saccis repérerant ; quare purgavérunt[4] se apud dispensatórem
Joséphi.

Quibus dispensátor ait : « Bono ánimo estóte. » Deinde
addúxit ad illos Simeónem, qui reténtus erat.

Vocabulaire.

3. *Lavo, as, ávi, átum, áre*, laver.
   Lautus, a, um : 1. propre ; 2, magnifique, somptueux.
4. *Se purgáre*, se justifier (se rattache à *purus*, pur).

Grammaire.

1 et 2. La première proposition infinitive joue le rôle de
sujet, la seconde le rôle de complément d'objet. Voir notre
division, p. 164.

25. Ils sont admis à l'audience[1] de Joseph.

Deinde Joséphus ingréssus est in concláve, ubi sui[2] cum
fratres exspectábant ; qui eum veneráti sunt offeréntes
múnera.

Joséphus eos cleménter salutávit, interrogavítque : « Sal-

vísne est senex ille quem vos patrem habétis ? Vivítne
adhuc ? »

Qui respondérunt : « Salvus est pater noster ; adhuc vivit. »

Joséphus autem, conjéctis in Benjamínum óculis, dixit :
« Isténe est frater vester mínimus, qui domi remánserat apud
patrem ? » Et rursus : « Deus sit tibi propítius, fíli mi » ;
et ábiit festínans, quia commótus erat ánimo, et lácrimæ
erumpébant.

Vocabulaire.

1. Encore un vieux mot français, du temps où notre langue était à demi latine. *Audience* ici est pris au sens propre :
écouter ; ils sont écoutés par Joseph. De même Bossuet, prê-
chant devant le roi la vérité chrétienne, lui disait : « Sire, elle
est digne de votre audience... », c'est-à-dire : « digne que vous
l'écoutiez. »

Grammaire.

2. *Suus* avec l'objet possédé sujet : v. Appendice, p. 188
(Possessifs et réfléchis).

Sua eum comméndat modéstia, il se recommande par sa
modération.

26. Joseph fait mettre sa coupe dans le sac de Benjamin.

Joséphus, lotâ [1] fácie, regréssus contínuit se et jussit
appóni cibos. Perácto convívio, præcépit dispensatóri dicens :
« Imple eórum sáccos fruménto, et pecúniam impóne in
summis [2] saccis. Scyphum autem meum argénteum ínsuper
impóne in sacco junióris [3]. » — Ille fecit diligénter quod jussus erat [4].

Vocabulaire.

1. *Lotus* ou *lautus,* participe passif de *laváre.*

2. *Summus. a, um,* le haut de.

Summa arbor, le haut de l'arbre (l'arbre en son
sommet).

3. *Júvenis,* jeune ; *júnior,* plus jeune.

Grammaire.

4. Aux propositions infinitives, après l'exemple : *jussit pontem fieri*, il fit établir un pont :

le *passif* :

Jussus est ab urbe discédere, il reçut l'ordre de sortir de la ville.

27. Joseph envoie à la poursuite de ses frères.

Fratres Joséphi sese in viam déderant, necdum procul ab urbe áberant.

Tunc Joséphus vocávit dispensatórem domûs suæ, eíque dixit : « Perséquere viros, et quum eos assecútus eris, illis dícito : Quare injúriam pro benefício rependístis ?

« Subripuístis scyphum argénteum quo dóminus meus útitur ; impróbe fecístis. »

Dispensátor mandáta Joséphi perfécit ; ad eos conféstim advolávit ; furtum exprobrávit ; rei indignitátem expósuit.

28. La coupe se retrouve dans le sac de Benjamin.

Fratres Joséphi respondérunt dispensatóri : « Istud scéleris longe a nobis aliénum est ; nos, ut tute scis, retúlimus bonâ fide pecúniam repértam in saccis : tantum[1] abest ut furáti simus[2] scyphum dómini tui ; apud quem[3] furtum deprehénsum erit, is morte mulctétur. »

Continuo depónunt saccos et apériunt ; quos ille scrutátus, invénit scyphum in sacco Benjamíni.

1. *Tantum abest ut...* (impersonnel,) il y a si loin..., nous sommes si loin que... ou de... (Conséquence, n° 5 des circonstancielles et cahier Géant, p. 57).

2. *Furor, áris, ári*, voler (Verbe déponent).

   Fur, furis, le voleur.

   Furtum, i, le vol.

3. *Is* est l'antécédent de *quem* (Propositions relatives, n° 1 des complétives, p. 159 et cahier Géant, p. 40).

29. Ils retournent à la ville accablés de honte et de chagrin.

Tunc fratres Joséphi, mœróre oppréssi, revertúntur in urbem.

Addúcti ad Joséphum sese abjecérunt ad pedes illíus. Quibus ille : « Quómodo, inquit, potuístis hoc scelus admíttere? »

Judas respóndit : « Fáteor, res est manifésta ; nullam póssumus excusatiónem afférre, nec audémus pétere véniam aut speráre ; nos omnes érimus servi tui. »

« Nequáquam, ait Joséphus ; sed ille apud quem invéntus est scyphus erit mihi servus : vos autem abíte líberi ad patrem vestrum. »

30. Judas s'offre en servitude à la place de Benjamin.

Tunc Judas, accédens própius ad Joséphum : « Te oro[1], inquit, dómine mi, ut me aúdias ; pater únice díligit púerum ; nolébat primo eum dimíttere ; non pótui id ab eo impetráre, nisi[2] postquam spopóndi[3] eum tutum ab omni perículo fore ; si rediérimus ad patrem sine púero, ille mœróre conféctus moriétur.

« Te oro atque óbsecro ut sinas púerum abíre meque pro eo addícas in servitútem ; ego pœnam, quâ dignus est, mihi sumo et exsólvam. »

1. *Te oro ut....* je te prie de... (Complétives au subjonctif, p. 169).

2. *Nisi*, si ce n'est.

3. *Spóndeo, es, spopóndi, sponsum, spondére,* s'engager, promettre.

31. Joseph se fait connaitre à ses frères.

Intérea Joséphus continére se vix póterat ; quare jussit Ægýptios adstántes recédere.

Tum flens dixit magnâ voce : « Ego sum Joséphus ; vivít-ne adhuc pater meus? »

Non póterant respondére fratres ejus nímio timóre perturbáti.

Quibus ille amíce : « Accédite, inquit, ad me : ego sum Joséphus, frater vester, quem vendidístis mercatóribus eúntibus in Ægýptum ; nólite timére : Dei providéntiâ id[1] factum est, ut ego salúti vestræ consúlerem. »

1. *Id factum est ut...* (Complétives au subjonctif, cahier Géant, p. 45).

A partir d'ici, nous laissons au lecteur le soin de juger lui-même des notes (assez rares) qu'il conviendra de prendre dans le cahier.

Notre traduction le dispensera de beaucoup de recherches, et lui permettra de se borner à l'essentiel. Son but doit être, en ce moment, de lire beaucoup de latin facile, afin de dominer l'ensemble des phrases, des chapitres et même des pages. Il serait très dangereux sans doute de négliger l'analyse et de se permettre la moindre inexactitude. Mais il serait non moins funeste de se perdre dans les détails et de contracter par l'étude exclusive des minuties une sorte de myopie intellectuelle et morale.

Les professeurs sauront maintenir les jeunes élèves dans un sage équilibre ; les grands débutants, les hommes cultivés sont désormais capables de s'y maintenir d'eux-mêmes. Nous espérons les avoir mis en état de se passer de nos conseils ligne par ligne, et de nous comprendre à travers notre exacte traduction : qu'ils sachent, désormais, y lire... entre les lignes, et chercher eux-mêmes dans le dictionnaire les mots dont ils ne seraient pas parfaitement sûrs.

32. Joseph les charge d'amener son père en Égypte.

Joséphus hæc locútus fratrem suum Benjamínum compléxus est, eúmque lácrimis conspérsit.

Deinde céteros quoque fratres collácrimans osculátus est. Tum demum illi cum eo fidénter locúti sunt.

Quibus Joséphus : « Ite, inquit, properáte ad patrem

meum, eíque nuntiáte fílium suum vívere, et apud Pharaó-
neméplúrimum posse : persuadéte illi ut in Ægýptum cum
omni famíliâ cómmigret. »

33. Pharaon envoie des présents et des chariots à Jacob.

Fama de advéntu fratrum Joséphi ad aures regis pervénit ;
qui dedit eis múnera perferénda ad patrem cum his mandá-
tis : « Addúcite huc patrem vestrum et omnem ejus familiam,
nec multum curáte supelléctilem vestram, quia ómnia, quæ
opus erunt vobis, præbitúrus sum, et omnes opes Ægýpti
vestræ erunt. »

Misit quoque currus ad vehéndum senem, et párvulos et
mulíeres.

34. Les frères de Joseph
annoncent à leur père qu'il est vivant.

Fratres Joséphi festinántes revérsi sunt ad patrem suum,
eíque nuntiavérunt Joséphum vívere, et príncipem esse totíus
Ægýpti.

Ad quem núntium Jacóbus, quasi e gravi somno excitátus,
obstúpuit, nec primum fíliis rem narrántibus fidem adhibé-
bat. Sed, postquam vidit plaustra et dona sibi a Josépho
missa, recépit ánimum ; et : « Mihi satis est, inquit, si vivit
adhuc Joséphus meus ; ibo, et vidébo eum ántequam móriar. »

35. Jacob part avec toute sa famille pour aller en Égypte.

Jacóbus proféctus cum fíliis et nepótibus pervénit in
Ægýptum, et præmisit Judam ad Joséphum, ut eum fáceret
certiórem de advéntu suo.

Conféstim Joséphus procéssit óbviam patri : quem ut vidit,
in collum ejus insíliit, et flens fléntem compléxus est.

Tum Jacóbus : « Satis diu vixi, inquit ; nunc æquo ánimo
móriar, quóniam conspéctu tuo frui mihi lícuit, et te mihi
supérstitem relínquo. »

36. Pharaon accueille avec bonté les frères de Joseph.

Joséphus ádiit Pharaónem, eíque nuntiávit patrem suum advenísse; constítuit étiam quinque e frátribus suis coram rege.

Qui eos interrogávit quidnam óperis[1] habérent; illi respondérunt se esse pastóres.

Tum rex dixit Josépho : « Ægýptus in potestáte tuá est; cura ut pater et fratres tui in óptimo loco hábitent; et, si qui sint inter eos gnavi et indústrii, trade eis curam pécorum meórum. »

1. Interrogation indirecte, p. 47 du cahier Géant.

37. Joseph présente son père à Pharaon
et établit ses frères dans la partie la plus fertile de l'Égypte.

Joséphus addúxit quoque patrem suum ad Pharaónem, qui, salutátus a Jacóbo, percontátus[1] est ab eo quâ esset ætáte.

Jacóbus respóndit regi : « Vixi centum et triginta annos, nec adéptus sum senectútem beátam avórum meórum. » Tum bene precátus regi, discéssit ab eo.

Joséphus autem patrem et fratres suos collocávit in óptimá parte Ægýpti, eisque ómnium rerum abundántiam suppeditávit.

1. *Contus, i,* perche, croc.

Percóntor, áris, átus sum, ári : 1. rechercher ; 2. s'enquérir (*au propre :* sonder avec une perche), curieux exemple de passage du sens concret au sens abstrait.

38. Jacob demande à être enterré
dans le tombeau de ses pères.

Jacóbus vixit septem et decem annos, postquam commigrásset in Ægýptum.

Ubi sensit mortem sibi imminére, arcessíto Josépho dixit :

« Si me amas, jura te id factúrum esse quod a te petam[1] :
scílicet ut[2] ne me sepélias in Ægýpto, sed corpus meum
tránsferas ex hác regióne, et condas in sepúlcro majórum
meórum. »

Joséphus autem : « Fáciam, inquit, quod jubes, pater. »

« Jura ergo mihi, ait Jacóbus, te certo id factúrum
esse. »

Joséphus jurávit in[3] verba patris.

1. Subjonctif amené par le *style indirect* en latin (cahier
Géant, p. 63).

2. *Ut*, que (et non : afin que) ; bien distinguer les complétives au subjonctif des circonstancielles de but.

3. *In* et l'acc., dans le sens de *selon*. Sens fréquent et très
utile à connaître. Ici, Joseph répète textuellement les mots
que lui a dits Jacob. Si jamais le lecteur a l'occasion de passer
à Versailles sur la terrasse du château, il remarquera à l'angle
du midi le superbe vase de marbre qui rappelle le souvenir
du traité de Nimègue. Il pourra lire encore, à demi effacée,
l'inscription que désigne la Paix de son caducée : « *Pace in
suas leges confecti.* » — La paix étant faite aux conditions
qu'il impose (*selon* ses conditions, en répétant les termes
voulus par Louis XIV, qui assiste à la scène). De même,
dans l'expression connue : *jurare in verba magistri*, jurer sur
la parole de son maître (en être l'humble disciple au point de
répéter les paroles du maître)... Que de choses on peut
apprendre à propos de l'*Épitome* ! Tout le latin y est contenu.

39. Joseph présente ses deux fils à Jacob
pour qu'il les bénisse.

Joséphus addúxit ad patrem duos fílios suos Manássem et
Ephráimum ; pósuit Manássem, qui natu-major erat, ad
dextram senis, Ephráimum vero minórem, ad sinístram ejus.

At Jacóbus decíssans[1] manus dextram impósuit Ephráimo,
sinístram autem Manássi, et utríque simul bene precátus est.

Quod Joséphus animadvértens ægre tulit, et conátus est
manus patris commutáre.

At pater réstitit, dixitque Josépho : Scio, fili mi, scio hunc esse majórem natu, et illum minórem ; id prudens[2] feci.

Ita Jacóbus Ephráimum Manássi antepósuit[3].

1. *Decússo, as, áre,* croiser en X, de *decússim (decem, as)* le nombre dix.

2. A dessein.

3. Ephraïm fut toujours une des plus nombreuses et des plus puissantes tribus d'Israël.

40. Joseph rend les derniers devoirs à son père.

Ut vidit Joséphus exstínctum patrem, ruit super cum flens, et osculátus est cum, diu.

Deinde præcépit médicis ut condírent corpus ; et ipse cum frátribus multísque Ægýptiis patrem deportávit in regiónem Chanaán.

Ibi funus fecérunt cum magno planctu, et sepeliérunt corpus in spelúncà, ubi jacébant Abrahámus et Isaácus ; reversíque sunt in Ægýptum.

41. Joseph console ses frères,
qui craignent quelque vengeance de sa part.

Post mortem patris, timébant fratres Joséphi ne ulciscerétur injúriam quam accéperat ; misérunt ígitur ad illum rogántes, nómine patris, ut eam obliviscerétur, sibíque condonáret.

Quibus Joséphus respóndit : « Non est quod timeátis[1] ; vos quidem malo in me ánimo fecistis ; sed Deus convértit illud in bonum ; ego vos alam et famílias vestras. » Consolátus est eos plúrimis verbis, et léniter cum illis locútus est.

1. Circ. de cause (cahier Géant, p. 52).

42. Mort de Joseph ; sa dernière prière à ses frères.

Joséphus vixit annos centum et decem ; quumque esset morti próximus, convocávit fratres suos, et illos admónuit se brevi moritúrum esse.

« Ego, inquit, jam mórior ; Deus vos non déseret, sed erit vobis præsidio[1], et dedúcet vos aliquándo ex Ægÿpto in regiónem quam pátribus nostris promísit ; oro vos atque obtéstor ut illuc ossa mea deportétis. »

Deinde placide obiit. Corpus ejus condítum est.

1. A *sédeo* : *præsídium*, secours, protection.

II. — MOISE SAUVÉ DES EAUX

1. Naissance de Moïse.

Múlier hebræa péperit fílium ; quem quum vidéret elegántem, vóluit serváre.

Quare abscóndit eum tribus ménsibus ; sed quum non posset eum diútius occultáre, sumpsit fiscéllam[1] scirpeam[2], quam linívit bitúmine ac pice.

Deinde pósuit intus infántulum, et expósuit eum inter arúndines ripæ flúminis.

Habébat secum unam cómitem, sorórem púeri, quam jussit stare procul, ut evéntum rei exploráret.

1. *Fiscus, i,* corbeille ; *fiscélla, æ,* petite corbeille.
2. *Scirpus, i,* jonc.

2. La fille de Pharaon sauve l'enfánt.

Mox fília Pharaónis venit ad flumen ut ablúeret corpus. Prospéxit fiscéllam in arundínibus hæréntem, misítque illuc unam ex ancíllis suis.

Apérta fiscéllá, cernens párvulum vagiéntem, misérta est illíus : « Iste est, inquit, unus ex infántibus Hebræórum. »

Tunc soror púeri accédens : « Vis-ne, ait, ut arcéssam

mulierem hebræam quæ nútriat párvulum ?» Et vocávit matrem.

Cui filia Pharaónis púerum aléndum dedit, promíssâ mercéde.

Itaque mater nutrívit púerum et adúltum réddidit filiæ Pharaónis, quæ illum adoptávit, et nomínávit Moÿsem, id est, servátum ab aquis.

III. — AU TEMPS DES JUGES.
HISTOIRE DE SAMSON.

1. Naissance de Samson ; sa force extraordinaire.

Quum Hebræi in potestáte essent Philistæórum, et ab illis affligeréntur, natus est Samson, futúrus ultor hóstium.

Hujus mater diu stérilis fúerat ; sed ei ángelus Dómini appáruit, prædixítque eam paritúram fílium qui cives suos in libertátem aliquándo vindicáret.

Eníxa púerum, nomen Samsónis ei índidit.

Puer crevit ; intónsam hábuit comam ; nec vinum, nec síceram bibit. Incredíbili fuit córporis róbore ; óbvium leónem manu interfécit.

2. Samson devenu grand se rend redoutable aux Philistins.

Samson adúltus Philistǽos multis afflécit cládibus. Cepit trecéntas vulpes, quarum caudis accénsas lámpades alligávit, et in hóstium agros immísit.

Tunc forte messis matúra erat : ita fácile incéndium fuit.

Omnes ségetes, víneæ et óleæ exústæ sunt, nec inimícam gentem váriis incómmodis vexáre déstitit.

Tráditus Philistǽis rupit vincula quibus constrictus erat, et, arréptâ maxillâ ásini, hoc telo, quod casus déderat, mille hóstes prostrávit.

3. Samson, enfermé dans une ville, en détache les portes avec les poteaux.

Quádam die. Samson urbem Philistæórum ingréssus est, ibíque pernoctatúrus videbátur.

Philistǽi, occasiónem captántes, portas obserári jussérunt, ne quis exíret.

Per totam noctem exspectábant siléntes, ut Samsónem mane exeúntem interficerent.

At Samson médiâ nocte surréxit, venítque ad portam urbis; quam, quum invenísset clausam, húmeris sústulit cum póstibus et seris, atque in vérticem montis vicíni supportávit.

4. Sa femme, gagnée par les Philistins, le trahit.

Tandem Philistǽi, qui Samsónem comprehéndere nequíverant, illíus uxórem pecúniâ corrupérunt, ut ea virum próderet.

Múlier viro persuásit, ut sibi indicáret causam tantæ virtútis; et, ubi rescívit vires ejus in capíllis sitas ésse, caput dormiéntis totóndit, atque ita eum Philistǽis trádidit.

Illi, effóssis óculis, vinctum in cárcerem conjecérunt, diúque ludíbrio habuérunt.

Sed spátio témporis crinis accísus créscere, et cum crine virtus redíre cœpit. Jamque Samson, cónscius recépti róboris, justæ ultiónis tempus opperiebátur.

5. Samson meurt, en faisant périr trois mille Philistins.

Erat Philistǽis mos, quum dies festos ágerent, prodúcere Samsónem captóque insultáre.

Die quádam, quum públicum convívium celebrarétur, Samsónem addúci jubent.

Domus, in quâ omnis pópulus et príncipes Philistæórum epulabántur, subníxa erat duábus colúmnis miræ magnitúdinis.

Addúctus Samson inter colúmnas statúitur.

Tunc ille, occasióne utens, colúmnas concússit, et turba omnis óbruta est ruinâ domûs; simúlque Samson ipse cum hóstibus, non inúltus, occúbuit.

IV. — LA JEUNESSE DE DAVID

1. Le géant Goliath défie les Hébreux ; mais aucun d'eux n'ose se mesurer avec lui.

Secútum est bellum cum Philistǽis. Quum duæ acies in conspéctu essent, Philistǽus quidam, nómine Goliáthus, vir miræ magnitúdinis, progréssus est ante órdines, et unum ex Hebrǽis sæpe provocábat ad singuláre certámen.

Loricâ squamátâ induebátur ; ócreas in crúribus ǽreas habébat ; cassis ǽrea caput ejus operiébat, et clýpeus ǽreus tegébat húmeros.

Tum Saul magna prǽmia, imo et filiæ núptias ei promísit qui provocántis spólia retulísset.

At nemo contra illum exíre audébat ; et Goliáthus suam Hebrǽis ignáviam cum irrísu ac ludíbrio exprobrábat.

2. David, plein de confiance en Dieu, se présente pour combattre Goliath.

David, commótus ignominiâ pópuli sui, se sponte ad pugnándum óbtulit.

Itaque addúctus est ad Saúlem, qui, considerátâ ejus ætáte, diffidébat pugnæ.

« Non póteris, inquit, adolescéntulus cum viro robustissimo pugnáre. »

Respóndit David : « Ne tímeas, o rex ; quum páscerem oves patris mei, leo invásit gregem, ovémque corrípuit. Ego illum persecútus occídi, et ovem e fáucibus illíus erípui. Ursum páriter interféci. Deus, qui me deféndit a leóne et urso, me quoque a Philistáeo isto deféndet. » Tum Saul : « Abi, inquit, cum istá fidúciá : Deus te ádjuvet! »

3. David ne prend pour arme qu'une fronde et s'avance contre Goliath.

Saul ipse sua júveni arma vóluit accommodáre ; gáleam cápiti ejus impósuit, lorícá pectus circumtéxit, latus gládio accínxit.

David vero, iis impedítus armis, quibus non erat assuétus, vix póterat incédere.

Quare onus incómmodum depósuit ; sumpsit autem pedum pastórale, quo uti consuéverat, et fundam cum quinque lapídibus in sácculo. Sic armátus advérsus Philistáeum procéssit.

4. David tue Goliath ; les Philistins fuient épouvantés.

Accedébat ex advérso Goliáthus, qui viso adolescénte : « Num, inquit, me canem esse putas, qui me cum báculo aggrediáris ? »

Cui David respóndit : « Tu venis ad me cum gládio et hastá et clýpeo ; ego autem vénio in nómine Dómini exercítuum, quem probris ausus es lacéssere. »

Tunc, misso fundá lápide, Philistáeum in fronte percússit, et humi prostrávit ; currénsque suum jacénti gládium detráxit, quo caput illi praecídit.

Eá re percúlsi, Philistáei in fugam versi sunt, et victóriam Hebráeis concessérunt.

5. Honneurs rendus à David ;
Saül conçoit de la jalousie contre lui.

Redeúnti Davidi óbviam itum est. Hebræi gratulántes victórem dedúcunt ad urbem ; ipsæ mulieres, dómibus egréssæ cum týmpanis, laudes ejus canébant.

Tantus pópuli favor invidiam Saúlis accéndit qui deinceps malévolo fuit in Dávidem ánimo, nec jam eum benignis óculis aspiciébat. Longe ália fuit mens filii ejus Jonáthæ : virtútem Dávidis admirans, illum singulári amóre compléxus est, suóque bálteo, arcu et gládio donávit.

6. Saül ne veut point exécuter la promesse qu'il avait faite.

Saul victóri filiam suam spopónderat uxórem ; at promissis non stetit, novámque conditiónem propósuit, si nempe David centum Philistǽos interfecísset.

Malo ánimo id faciébat rex invidus : sperábat scilicet júvenem audácem fácile peritúrum esse. At sua eum spes delúsit.

Nam David, occísis ducéntis Philistǽis, rediit illǽsus, atque ita regis filiam in matrimónium accépit.

7. Saül essaye plusieurs fois de tuer David.

Crescébat in dies Saúlis ódium, stimulánte invídiâ ; quáre non jam occúlte, sed palam, Dávidi necem parábat.

Bis eum láncea confódere conátus est ; sed David ictum lethálem declinatióne córporis effúgit.

Saul mandátum dedit Jónathæ, ut Dávidem occíderet ; sed Jonáthas nóluit crudéli patris império óbsequi ; imo cum lácrymis illum obtestátus est, ut tam iníquum consílium depóneret.

Dénique Saul misit satéllites, qui Dávidem domi, in óculis uxóris, trucidárent ; hæc vero marítum demísit per fenéstram, atque ita erípuit perículo.

8. David, dans sa fuite, épargne Saül qui le poursuivait.

David, ut vidit implacábilem esse Saúlis in se ánimum, excéssit aulà, et solitúdinem petiit.

Saul illum persecútus est ; at, Deo favénte, David inimíci manus effúgit, et ipse Saúlis vitam non semel servávit.

Erat in desérto spelúnca vasto recéssu patens ; ibi David cum suis comítibus in interióre parte latébat.

Forte Saul solus in illam spelúncam ingréssus est, nec laténtes vidit, oppressúsque somno quiévit.

Sui Dávidem cómites hortabántur ut opportúnam Saúlis interficiéndi occasiónem arríperet ; sed David nóluit, quum impúne posset, inimícum occídere.

9. Saül meurt dans un combat contre les Philistins.

Motum est rursus bellum cum Philistǽis ; advérsus quos Saul cum exércitu procéssit.

Commíssà pugnà, Hebrǽi fusi sunt ; tres fílii regis in ácie cecidérunt : Saul ipse ex equo delápsus, ne vivus in potestátem hóstium veníret, uni cómitum latus transfodiéndum prǽbuit.

Regis mortem ómnium Hebraeórum fuga consecúta est, et, eo die, victórià insígni potíti sunt Philistǽi.

10. David pleure la mort de Saül, son ennemi.

David, audítà Saúlis morte, lácrimas profúdit ; montes Gélboe, ubi caedes illa facta erat, exsecrátus est. Illum qui a se Saúlem occísum esse jactitábat, et régia insígnia attúlerat, périmi jussit, in pœnam violátæ majestátis régiæ.

Cívibus urbis Jabes, quod Saúlis ejúsque filiórum córpora sepelivíssent, grátiam rétulit.

Admirándum sane veri ac sincéri erga inimícum amóris exémplum !

———

V. — LA VIEILLESSE DE DAVID

1. Absalon se révolte contre son père.

Absálon, filius Dávidis, patérnum regnum affectávit ; concitátà multitúdine imperítà, advérsus patrem rebellávit.

Id ubi cognóvit David, excéssit Hierosólymà, véritús ne, si ibi remanéret, Absálon cum exércitu véniens urbem régiam obsidéret, eámque ferro et igne vastáret.

Quare egréssus cum suis qui in offício manébant, conscéndit montem Olivarum, flens, nudis pédibus, et opérto cápite.

2. Patience admirable de David.

Fugiénti occúrrit vir quidam e génere Saúlis, nómine Sémei, qui cœpit Dávidem ejúsque cómites maledíctis et lapídibus appétere.

Quod illi indigne feréntes volébant ulcísci injúriam, et conviciatóris caput amputáre.

At David eos cohíbuit : « Sínite, ínquit, istum mihi maledícere. Fórsitan Deus, his quæ pátior malis placátus, mei miserébitur, et rem afflíctam restítuet. »

Incredíbilem regis patiéntiam admiráti cómites, dicto ægre paruérunt.

3. David rassemble une armée contre Absalon.

Absálon, profécto patre, ingréssus est Hierosólymam, ibíque aliquándiu morátus est. Quæ res salúti fuit Dávidi, nam ínterim David collégit cópias, seque ad bellum comparávit.

Jam áderat Absálon cum exércitu, et prǽlium mox erat committéndum. Suasérunt regi sui cómites ut ne interésset certámini.

Quaprópter David Joábum suis cópiis præfécit, seque in urbem vicinam cóntulit. Abiens autem præcépit Joábo ceterísque dúcibus ut Absalóni párcerent, sibíque fílium incólumem serváren.

4. Absalon est vaincu ; il reste suspendu par les cheveux à un arbre.

Acriter pugnátum est utrínque ; sed, Deo favénte, victória penes Dávidem fuit. Terga vertérunt Absalónis mílites, e quibus vigínti duo míllia cecidérunt.

Absálon fúgiens mulo insidébat ; erat autem promísso et denso capíllo. Dum præcípiti cursu fertur subter densam quercum, coma ejus implicáta est ramis, et ipse suspénsus adhǽsit, mulo ínterim prætereúnte et cursum pergénte.

5. Mort d'Absalon.

Vidit quidam pendéntem Absalónem. nec ausus est illi manus violéntas inférre ; sed nuntiávit Joábo, qui eum increpans : Debúeras, inquit, júvenem ímpium confódere.

Atqui, respóndit ille, me præsénte, rex præcépit tibi ut fílio suo párceres.

Ego vero non parcam, ait Joábus ; et statim sumpsit tres lánceas, quas in pectus Absalónis defíxit.

Quum Absálon adhuc palpitáret hærens in quercu, armígeri. Joábi repétitis íctibus confóssum interemérunt.

6. David pleure la mort de son fils rebelle.

Stabat ínterea David ad portam urbis, expéctans evéntum pugnæ, et máxime de fílii salúte sollícitus.

Quum illi nuntiátum esset profligátos hostes et interféctum esse Absalónem, non modo non lætátus est de victória quam retúlerat, sed máximum quoque dolórem cepit ex morte fílii.

Inambulábat in cœnáculo mærens, et in has voces idéntidem erúmpens : « Fili mi Absálon, Absálon fili mi ! útinam pro te moriar, Absálon fili mi, fili mi Absálon ! »

7. David meurt.

Multa deinceps bella David próspere gessit contra Philistǽos, rebúsque foris et domi compósitis, réliquum vitæ
tempus in florénti pace exégit.

Quum esset extrémâ senectúte et infirmâ valetúdine,
Salomónem herédem regni constítuit.

Is a summo sacerdóte unctus, vivo adhuc patre, rex appel-
látus est.

David, postquam filio dedisset præcépta regno adminis-
trándo utilíssima, diem suprémum óbiit.

VI. — LE JUGEMENT DE SALOMON

Salomon concéssæ sibi a Deo sapiéntiæ spécimen édidit.

Duæ mulieres in eádem domo habitábant; utráque eódem
témpore péperit púerum. Unus ex his púerulis post diem
tértium nocte mórtuus est; mater subrípuit púerum altérius
mulieris dormiéntis, et hujus loco filium suum mórtuum
suppósuit.

Ortâ inter duas mulieres gravi altercatióne, res ad
Salomónem deláta est.

Difficilis erat atque perobscúra quǽstio, quum nullus
esset testis.

Rex autem, ut exploráret laténtem veritátem : « Dividátur
inquit, puer de quo controvérsia est, et pars una uni mulieri,
áltera álteri detur. »

Judício assénsit falsa mater ; áltera vero exclamávit : « Ne,
quǽso, ne occidátur puer, o rex ; malo ista totum hábeat. »

Tum rex ait : « Res est manifésta ; hæc vero est mater
púeri. » Et huic illum adjudicávit.

Admiráti sunt omnes singulárem regis prudéntiam.

APPENDICE

CONJUGAISON ACTIVE ET PASSIVE

Indication relative aux verbes déponents.

VERBE *SUM* ET VERBES ACTIFS

À remarquer particulièrement :

1° le *subjonctif présent* comparé au *futur de l'ind.* dans la
1re, la 2e et la 3e conjugaison ;

2° le *futur de l'ind.* et le *prés. du subj.* dans la 3e ;

3° la 3e personne du pluriel du *futur antérieur*, comparée
à celle du *parfait de l'ind.*

Souligner en *rouge* les formes que l'on aurait tendance à
confondre.

Sum, *je suis.*

	INDICATIF	SUBJONCTIF	IMPÉRATIF	INFINITIF	PARTICIPE
PRÉSENT	*Je suis* sum es est sumus estis sunt	*Que je sois ou je serais* sim sis sit simus sitis sint	*Sois (maintenant)* es este	*Être* esse	*N'existe pas*
IMPARFAIT	*J'étais* eram eras erat erámus erátis erant	*Que je fusse ou je serais* essem esses esset essémus essétis essent			
FUTUR	*Je serai* ero eris erit érimus éritis erunt		*Sois (plus tard)* esto esto estóte sunto	*Devoir être* fore (invariable) ou futúrum, -am, -um, (-os, -as, -a) esse	*Destiné ou disposé à être, devant être* futúrus, -a, -um
PARFAIT OU PASSÉ	*Je fus ou j'ai été ou j'eus été* fui fuisti fuit fúimus fuistis fuérunt ou ére	*Que j'aie été* fúerim fúeris fúérit fuérimus fuéritis fúerint		*Avoir été* fuisse	
PLUS-QUE-PARFAIT	*J'avais été* fúeram fúeras fúerat fuerámus fuerátis fúerant	*Que j'eusse été ou j'aurais été* fuissem fuisses fuisset fuissémus fuissétis fuissent			
FUTUR ANTÉRIEUR	*J'aurai été* fúero fúeris fúerit fuérimus fuéritis fúerint				

1re CONJUGAISON : amo, *j'aime*.

	INDICATIF	SUBJONCTIF	IMPÉRATIF	INFINITIF	PARTICIPE
PRÉSENT	*J'aime* amo amas amat amámus amátis amant	*Que j'aime ou j'aimerais* amem ames amet amémus amétis ament	*Aime (maintenant)* ama amáte	*Aimer* amáre	*Aimant* amans, génitif amántis
IMPARFAIT	*J'aimais* amábam amábas amábat amabámus amabátis amábant	*Que j'aimasse ou j'aimerais* amárem amáres amáret amarémus amarétis amárent			
FUTUR	*J'aimerai* amábo amábis amábit amábimus amábitis amábunt		*Aime (plus tard)* amáto amáto amatóte amánto	*Devoir aimer* amatúrum, -am, -um esse	*Destiné ou disposé à aimer, devant aimer* amatúrus, -a, -um

	INDICATIF	SUBJONCTIF	INFINITIF
PARFAIT OU PASSÉ	*J'aimai ou j'ai aimé ou j'eus aimé* amávi amavisti ou amásti amávit amávimus amavistis ou amástis amavérunt (amavére) ou amárunt	*Que j'aie aimé* amáverim ou amárim amáveris ou amáris amáverit ou amárit amavérimus ou amárimus amavéritis ou amáritis amáverint ou amárint	*Avoir aimé* amavisse ou amásse
PLUS-QUE-PARFAIT	*J'avais aimé* amáveram ou amáram amáveras ou amáras amáverat ou amárat amaverámus ou amarámus amaverátis ou amarátis amáverant ou amárant	*Que j'eusse aimé ou j'aurais aimé* amavissem ou amássem amavisses ou amásses amavisset ou amásset amavissémus ou amassémus amavissétis ou amassétis amavissent ou amássent	**GÉRONDIF** *Acc.* (ad) amándum, (pour) aimer ; *Gén.* amándi, d'aimer ; *Dat.* amándo, à aimer ; *Abl.* amándo, par le fait d'aimer (en aimant).
FUTUR ANTÉRIEUR	*J'aurai aimé* amávero ou amáro amáveris ou amáris amáverit ou amárit amavérimus ou amárimus amavéritis ou amáritis amáverint ou amárint		**SUPIN** *Acc.* amátum, aimer (pour aimer) ; *Abl.* amátu, à aimer ;

	INDICATIF	SUBJONCTIF	IMPÉRATIF	INFINITIF	PARTICIPE
PRÉSENT	*Je détruis* déleo deles delet delémus delétis delent	*Que je détruise ou je détruirais* déleam déleas déleat deleámus deleátis déleant	*Détruis (maintenant)* dele deléte	*Détruire* delére	*Détruisant* delens, génitif deléntis
IMPARFAIT	*Je détruisais* delébam delébas delébat delebámus delebátis delébant	*Que je détruisisse ou je détruirais* delérem deléres deléret delerémus delerétis delérent			
FUTUR	*Je détruirai* delébo delébis delébit delébimus delébitis delébunt		*Détruis (plus tard)* deléto deléto deletóte delénto	*Devoir détruire* deletúrum, -am, -um esse	*Destiné ou disposé à détruire, devant détruire* deletúrus, -a, -um
PARFAIT OU PASSÉ	*Je détruisis ou j'ai détruit ou j'eus détruit* delévi delevísti delévit delévimus delevístis delevérunt *ou* delevére	*Que j'aie détruit* deléverim deléveris deléverit delevérimus delevéritis deléverint		*Avoir détruit* delevísse	
PLUS-QUE-PARFAIT	*J'avais détruit* deléveram deléveras deléverat deleverámus deleverátis deléverant	*Que j'eusse détruit ou j'aurais détruit* delevíssem delevísses delevísset delevissémus delevissétis delevíssent			
FUTUR ANTÉRIEUR	*J'aurai détruit* delévero deléveris deléverit delevérimus delevéritis deléverint				

GÉRONDIF

Acc. (ad) deléndum, (pour) détruire ;
Gén. deléndi, de détruire ;
Dat. deléndo, à détruire ;
Abl. deléndo, par le fait de détruire (en détruisant).

SUPIN

Acc. delétum, détruire (pour détruire) ;
Abl. delétu, à détruire.

3ᵉ **CONJUGAISON.** Présent de l'indicatif en *o* : **lego**, *je lis*.

	INDICATIF	SUBJONCTIF	IMPÉRATIF	INFINITIF	PARTICIPE
PRÉSENT	*Je lis* lego legis legit légimus légitis legunt	*Que je lise ou je lirais* legam legas legat legémus legétis legant	*Lis (maintenant)* lege légite	*Lire* légere	*Lisant* legens, génitif legéntis
IMPARFAIT	*Je lisais* legébam legébas legébat legebámus legebátis legébant	*Que je lusse ou je lirais* légerem légeres légeret legerémus legerétis légerent			
FUTUR	*Je lirai* legam leges leget legémus legétis legent		*Lis (plus tard)* légito légito legitóte legúnto	*Devoir lire* lectúrum, -am, -um esse	*Destiné ou disposé à lire, devant lire* lectúrus, -a, -um
PARFAIT OU PASSÉ	*Je lus ou j'ai lu ou j'eus lu* legi legisti legit légimus legístis legérunt (legére)	*Que j'aie lu* légerim légeris légerit legérimus legéritis légerint		*Avoir lu* legisse	
PLUS-QUE-PARFAIT	*J'avais lu* légeram légeras légerat legerámus legerátis légerant	*Que j'eusse lu ou j'aurais lu* legissem legisses legisset legissémus legissétis legissent	GÉRONDIF *Acc.* (ad) legéndum. (pour) lire ; *Gén.* legéndi. de lire ; *Dat.* legéndo, à lire ; *Abl.* legéndo, par le fait de lire (en lisant).		
FUTUR ANTÉRIEUR	*J'aurai lu* légero légeris légerit legérimus legéritis légerint		SUPIN *Acc.* lectum, lire (pour lire) ; *Abl.* lectu, à lire.		

3ᵉ CONJUGAISON. Présent de l'indicatif en *io* : **căpio**, *je prends* (1).

	INDICATIF	SUBJONCTIF	IMPÉRATIF	INFINITIF	PARTICIPE
PRÉSENT	*Je prends* căpio capis capit căpimus căpitis căpiunt	*Que je prenne ou je prendrais* căpiam căpias căpiat capiámus capiátis căpiant	*Prends (maintenant)* cape căpite	*Prendre* căpere	*Prenant* căpiens, *génitif* capiéntis
IMPARFAIT	*Je prenais* capiébam capiébas capiébat capiebámus capiebátis capiébant	*Que je prisse ou je prendrais* căperem căperes căperet caperémus caperétis căperent			
FUTUR	*Je prendrai* căpiam căpies căpiet capiémus capiétis căpient		*Prends (plus tard)* căpito căpito capitóte capiúnto	*Devoir prendre* captúrum, –am, –um esse	*Disposé à prendre, devant prendre* captúrus, -a, -um
PARFAIT OU PASSÉ	*Je pris ou j'ai pris ou j'eus pris* cepi cepísti cepit cépimus cepístis cepérunt	*Que j'aie pris* céperim céperis céperit cepérimus cepéritis céperint		*Avoir pris* cepísse	
PLUS-QUE-PARFAIT	*J'avais pris* céperam céperas céperat ceperámus ceperátis céperant	*Que j'eusse pris ou j'aurais pris* cepíssem cepísses cepísset cepissémus cepissétis cépissent			
FUTUR ANTÉRIEUR	*J'aurai pris* cépero céperis céperit cepérimus cepéritis céperint				

GÉRONDIF

Acc. (ad) capiéndum, (pour) prendre :
Gén. capiéndi,   de prendre :
Dat. capiéndo,   à prendre ;
Abl. capiéndo,   par le fait de prendre (en prenant).

SUPIN

Acc. captum, prendre (pour prendre) ;
Abl. captu,   à prendre.

(1) Căpio intercale un *i* : 1° À la 1ʳᵉ pers. sing. et à la 3ᵉ pers. plur. de *l'indicatif présent* ;
2° À *l'imparfait de l'indicatif*, au *futur* et au *présent du subjonctif* ;
3° Au *participe présent* et au *gérondif*.

4ᵉ CONJUGAISON : audio, *j'entends.*

	INDICATIF	SUBJONCTIF	IMPÉRATIF	INFINITIF	PARTICIPE
PRÉSENT	*J'entends* — audio, audis, audit, audimus, auditis, audiunt	*Que j'entende ou j'entendrais* — audiam, audias, audiat, audiâmus, audiâtis, audiant	Entends (maintenant) — audi — audite	Entendre — audire	Entendant — audiens. génitif audiéntis
IMPARFAIT	*J'entendais* — audiébam, audiébas, audiébat, audiebâmus, audiebâtis, audiébant	*Que j'entendisse ou j'entendrais* — audirem, audires, audiret, audirémus, audirétis, audirent			
FUTUR	*J'entendrai* — audiam, audies, audiet, audiémus, audiétis, audient		Entends (plus tard) — audito, audito, auditôte, audiunto	Devoir entendre — auditûrum, -am, -um esse	Disposé à entendre, devant entendre — auditûrus, -a, -um

	INDICATIF	SUBJONCTIF	IMPÉRATIF	INFINITIF	PARTICIPE
PARFAIT OU PASSÉ	*J'entendis ou j'ai entendu ou j'eus entendu* — audivi, audivisti *ou* audisti, audivit (audiit), audivimus, audivistis *ou* audistis, audivérunt (audivére) *ou* audiérunt (audiére)	*Que j'aie entendu* — audiverim *ou* audierim, audiveris *ou* audieris, audiverit *ou* audierit, audivérimus *ou* audiérimus, audivéritis *ou* audiéritis, audiverint *ou* audierint		Avoir entendu — audivisse ou audisse	
PLUS-QUE-PARFAIT	*J'avais entendu* — audiveram *ou* audieram, audiveras *ou* audieras, audiverat *ou* audierat, audiverámus *ou* audierámus, audiverátis *ou* audierátis, audiverant *ou* audierant	*Que j'eusse entendu ou j'aurais entendu* — audivissem *ou* audissem, audivisses *ou* audisses, audivisset *ou* audisset, audivissémus *ou* audissémus, audivissétis *ou* audissétis, audivissent *ou* audissent		GÉRONDIF — *Acc.* (ad) audiéndum, (pour) entendre ; *Gén.* audiéndi, d'entendre ; *Dat.* audiéndo, à entendre ; *Abl.* audiéndo, par le fait d'entendre (en entendant).	
FUTUR ANTÉRIEUR	*J'aurai entendu* — audivero *ou* audiero, audiveris *ou* audieris, audiverit *ou* audierit, audivérimus *ou* audiérimus, audivéritis *ou* audiéritis, audiverint *ou* audierint			SUPIN — *Acc.* auditum, entendre (pour entendre) ; *Abl.* auditu, à entendre.	

VERBES PASSIFS ET DÉPONENTS

A remarquer particulièrement :

1° le *subjonctif présent* comparé au *futur de l'ind.* dans la 1re, la 2e et la 3e conjugaison ;

2° le *futur de l'ind.* et le *présent du subj.* dans la 3e ;

3° la 2e personne de *l'impératif* dans la 1re, la 2e et la 3e ;

4° la 3e personne du pluriel du *futur antérieur* et du *parfait du subjonctif* : *erunt* pour l'un ; *sint* pour l'autre.

1re CONJUGAISON : amor, je suis aimé.

	INDICATIF	SUBJONCTIF	IMPÉRATIF	INFINITIF	PARTICIPE
PRÉSENT	Je suis aimé amor amáris amátur amámur amámini amántur	Que je sois aimé ou je serais aimé amer améris *ou* améré amétur amémur amémini améntur	Sois aimé (maintenant) amáre amámini	Être aimé amári	
IMPARFAIT	J'étais aimé amábar amabáris *ou* amabare amabátur amabámur amabámini amabántur	Que je fusse aimé ou je serais aimé amárer amaréris *ou* amarére amarétur amarémur amarémini amaréntur			
FUTUR	Je serai aimé amábor amáberis *ou* amábere amábitur amábimur amabímini amabúntur		Sois aimé (plus tard) amátor amátor amámini amántor	Devoir être aimé amátum (*invaria- ble*) iri	
PARFAIT OU PASSÉ	Je fus aimé, j'ai été aimé ou j'eus été aimé amátus (-a, -um) sum — — es — — est amáti (-æ, -a) sumus — — estis — — sunt	Que j'aie été aimé amátus (-a, -um) sim — — sis — — sit amáti (-æ, -a) simus — — sitis — — sint		Avoir été aimé amátum (-am, -um) esse	Aimé, ayant été aimé amátus (-a, -um)
PLUS-QUE-PARFAIT	J'avais été aimé amátus (-a, -um) eram — — eras — — erat amáti (-æ, -a) erámus — — erátis — — erant	Que j'eusse été aimé ou j'aurais été aimé amátus (-a, -um) essem — — esses — — esset amáti (-æ, -a) essémus — — essétis — — essent			
FUTUR ANTÉRIEUR	J'aurai été aimé amátus (-a, -um) ero — — eris — — erit amáti (-æ, -a) érimus — — éritis — — erunt				

ADJECTIF VERBAL

amándus (-a, -um), qui doit être aimé.

2ᵉ CONJUGAISON : deleor, *je suis détruit.*

	INDICATIF	SUBJONCTIF	IMPÉRATIF	INFINITIF	PARTICIPE
PRÉSENT	Je suis détruit deleor deleris deletur delemur delemini delentur	Que je sois *ou* je serais détruit delear delearis *ou* deleare deleatur deleamur deleamini deleantur	Sois détruit (maintenant) delere delemini	Être détruit deleri	
IMPARFAIT	J'étais détruit delebar delebaris *ou* delebare delebatur delebamur delebamini delebantur	Que je fusse *ou* je serais détruit delerer delereris *ou* delerere deleretur deleremur deleremini delerentur			
FUTUR	Je serai détruit delebor deleberis *ou* delebere delebitur delebimur delebimini delebuntur		Sois détruit (plus tard) deletor deletor delemini delentor	Devoir être détruit deletum (*invar.*) iri	

	INDICATIF	SUBJONCTIF		INFINITIF	PARTICIPE
PARFAIT OU PASSÉ	Je fus détruit, j'ai été détruit ou j'eus été détruit deletus (-a, -um) sum — — es — — est deleti (-ae, -a) sumus — — estis — — sunt	Que j'aie été détruit deletus (-a, -um) sim — — sis — — sit deleti (-ae, -a) simus — — sitis — — sint		Avoir été détruit deletum (-am, -um) esse	Détruit, ayant été détruit deletus (-a, -um)
PLUS-QUE-PARFAIT	J'avais été détruit deletus (-a, -um) eram — — eras — — erat deleti (-ae, -a) eramus — — eratis — — erant	Que j'eusse été ou j'aurais été détruit deletus (-a,-um) essem — — esses — — esset deleti (-ae, -a) essemus — — essetis — — essent		ADJECTIF VERBAL delendus (-a, -um), qui doit être détruit.	
FUTUR ANTÉRIEUR	J'aurai été détruit deletus (-a, -um) ero — — eris — — erit deleti (-ae, a) erimus — — eritis — — erunt				

3e **CONJUGAISON** : legor, *je suis lu.*

	INDICATIF	SUBJONCTIF	IMPÉRATIF	INFINITIF	PARTICIPE
PRÉSENT	*Je suis lu* legor légeris légitur légimur legimini legúntur	*Que je sois lu ou je serais lu* legar legáris *ou* legáre legátur legámur legámini legántur	*Sois lu (maintenant)* légere legimini	*Être lu* legi	
IMPARFAIT	*J'étais lu* legébar legébaris *ou* legébare legebátur legebámur legebámini legebántur	*Que je fusse lu ou je serais lu* légerer legeréris *ou* legerére legerétur legerémur legerémini legeréntur			
FUTUR	*Je serai lu* legar legéris *ou* legére legétur legémur legémini legéntur		*Sois lu (plus tard)* légitor légitor legimini legúntor	*Devoir être lu* lectum *(invaria- ble)* iri	
PARFAIT OU PASSÉ	*Je fus lu, j'ai été lu ou j'eus été lu* lectus (-a, -um) sum — — es — — est lecti (-æ, -a) sumus — — estis — — sunt	*Que j'aie été lu* lectus (-a, -um) sim — — sis — — sit lecti (-æ, -a) simus — — sitis — — sint		*Avoir été lu* lectum (-am, -um) esse	*Lu, ayant été lu* lectus (-a, -um)
PLUS-QUE-PARFAIT	*J'avais été lu* lectus (-a, -um) eram — — eras — — erat lecti (-æ, -a) erámus — — erátis — — erant	*Que j'eusse été lu ou j'aurais été lu* lectus (-a, -um) essem — — esses — — esset lecti (-æ, -a) essémus — — essétis — — essent		ADJECTIF VERBAL legéndus (-a, -um), qui doit être lu.	
FUTUR ANTÉRIEUR	*J'aurai été lu* lectus (-a, -um) ero — — eris — — erit lecti (-æ, -a) érimus — — éritis — — erunt				

	INDICATIF	SUBJONCTIF	IMPÉRATIF	INFINITIF	PARTICIPE
PRÉSENT	*Je suis pris* cápior cáperis cápitur cápimur capímini capiúntur	*Que je sois pris ou je serais pris* cápiar capiáris *ou* capiáre capiátur capiámur capiámini capiántur	*Sois pris (maintenant)* cápere capímini	*Être pris* capi	
IMPARFAIT	*J'étais pris* capiébar capiebáris *ou* capiebáre capiebátur capiebámur capiebámini capiebántur	*Que je fusse pris ou je serais pris* cáperer caperéris *ou* caperére caperétur caperémur caperémini caperéntur			
FUTUR	*Je serai pris* cápiar capiéris *ou* capiére capiétur capiémur capiémini capiéntur		*Sois pris (plus tard)* cápitor cápitor capímini capiúntor	*Devoir être pris* captum (*invariable*) iri	

	INDICATIF	SUBJONCTIF	IMPÉRATIF	INFINITIF	PARTICIPE
PARFAIT OU PASSÉ	*Je fus pris, j'ai été pris ou j'eus été pris* captus (-a, -um) sum — — es — — est capti (-æ, -a) sumus — — estis — — sunt	*Que j'aie été pris* captus (-a, -um) sim — —, sis — — sit capti (-æ, -a) simus — — sitis — — sint		*Avoir été pris* captum (-am, -um) esse	*Pris, ayant été pris* captus (-a, -um)
PLUS-QUE-PARFAIT	*J'avais été pris* captus (-a, -um) eram — — eras — — erat capti (-æ, -a) erámus — — erátis — — erant	*Que j'eusse été pris ou j'aurais été pris* captus (-a, -um) essem — — esses — — esset capti (-æ, -a) essémus — — essétis — — essent			
FUTUR ANTÉRIEUR	*J'aurai été pris* captus (-a, -um) ero — — eris — — erit capti (-æ, -a) érimus — — éritis — — erunt				

ADJECTIF VERBAL

capiéndus (-a, -um), qui doit être pris.

	INDICATIF	SUBJONCTIF	IMPÉRATIF	INFINITIF	PARTICIPE
PRÉSENT	Je suis entendu audior audiris auditur audimur audimini audiuntur	Que je sois entendu ou je serais entendu audiar audiaris *ou* audiare audiatur audiamur audiamini audiantur	Sois entendu (maintenant) audire audimini	Être entendu audiri	
IMPARFAIT	J'étais entendu audiebar audiebaris *ou* audiebare audiebatur audiebamur audiebamini audiebantur	Que je fusse entendu ou je serais entendu audirer audireris *ou* audirere audiretur audiremur audiremini audirentur			
FUTUR	Je serai entendu audiar audieris *ou* audiere audietur audiemur audiemini audientur		Sois entendu (plus tard) auditor auditor audimini audiuntor	Devoir être entendu auditum (*invariable*) iri	

	INDICATIF	SUBJONCTIF	IMPÉRATIF	INFINITIF	PARTICIPE
PARFAIT OU PASSÉ	Je fus entendu, j'ai été entendu ou j'eus été entendu auditus (-a, -um) sum — — es — — est auditi (-æ, -a) sumus — — estis — — sunt	Que j'aie été entendu auditus (-a, -um) sim — — sis — — sit auditi (-æ, -a) simus — — sitis — — sint		Avoir été entendu auditum (-am, -um) esse	Entendu, ayant été entendu auditus (-a, -um)
PLUS-QUE-PARFAIT	J'avais été entendu auditus (-a, -um) eram — — eras — — erat auditi (-æ, -a) eramus — — eratis — — erant	Que j'eusse été entendu ou j'aurais été entendu auditus (-a, -um) essem — — esses — — esset auditi (-æ, -a) essemus — — essetis — — essent			
FUTUR ANTÉRIEUR	J'aurai été entendu auditus (-a, -um) ero — — eris — — erit auditi (-æ, -a) erimus — — eritis — — erunt				

ADJECTIF VERBAL

audiendus (-a, -um), qui doit être entendu.

Les verbes *déponents* (forme passive et sens actif) se conjuguent de même. *Ils ont de plus :* un participe présent, un participe futur, un gérondif, un supin, et *un participe passé à sens actif.*

Ex. : *imitor, aris, ari,* j'imite ; *imitans, imitaturus, imitandi, imitatum,* et *imitatus, a, um,* ayant imité.

QUELQUES VERBES IRRÉGULIERS

DEUX COMPOSÉS DE *SUM*

possum, *je peux*   **prosum**, *je suis utile*

INDICATIF		INDICATIF	
Présent.	Possum	Présent.	Prosum
	Potes		Prodes
	Potest		Prodest
	Póssumus		Prósumus
	Potéstis		Prodéstis
	Possunt		Prosunt
Imparfait.	Póteram	Imparfait.	Próderam
Futur.	Pótero	Futur.	Pródero
Parfait.	Pótui	Parfait.	Prófui
Plus-q.-parf.	Potúeram	Plus-q.-parf.	Profúeram
Futur passé.	Potúero	Futur passé.	Profúero

IMPÉRATIF

Prodes *ou* pro-
désto
Prodésto
Prosimus
Prodéste *ou* pro-
destóte
Prosúnto

SUBJONCTIF		SUBJONCTIF	
Présent.	Possim	Présent.	Prosim
Imparfait.	Possem	Imparfait.	Prodéssem
Parfait.	Potúerim	Parfait.	Profúerim
Plus-q.-parf.	Potuissem	Plus-q.-parf.	Profuissem

INFINITIF		INFINITIF	
Présent.	Posse	Présent.	Prodésse
Parfait.	Potuisse	Parfait.	Profuisse

Fero, *je porte.*

	INDICATIF	SUBJONCTIF	IMPÉRATIF	INFINITIF	PARTICIPE
PRÉSENT	*Je porte*	*Que je porte ou je porterais*	*Porte (maintenant)*	*Porter*	*Portant*
	fero	feram		ferre	ferens, éntis
	fers	feras	fer		
	fert	ferat			
	férimus	ferámus			
	fertis	ferátis	ferte		
	ferunt	ferant			
IMPARFAIT	*Je portais*	*Que je portasse ou je porterais*			
	ferébam	ferrem			
	ferébas	ferres			
	ferébat	ferret			
	ferebámus	ferrémus			
	ferebátis	ferrétis			
	ferébant	ferrent			
FUTUR	*Je porterai*		*Porte (plus tard)*	*Devoir porter*	*Destiné ou disposé à porter, devant porter*
	feram			latúrum (-am, -um) esse	latúrus, (-a, -um)
	feres		ferto		
	feret		ferto		
	ferémus				
	ferétis		fertóte		
	ferent		ferúnto		
PARFAIT OU PASSÉ	*Je portai, j'ai porté ou j'eus porté*	*Que j'aie porté*		*Avoir porté*	
	tuli	túlerim		tulisse	
	tulísti	túleris			
	tulit	túlerit			
	túlimus	tulérimus			
	tulístis	tuléritis			
	tulérunt *ou* tuléro	túlerint			
PLUS-QUE-PARFAIT	*J'avais porté*	*Que j'eusse porté ou j'aurais porté*			
	túleram	tulíssem			
	túleras	tulísses			
	túlerat	tulísset			
	tulerámus	tulissémus			
	tulerátis	tulissétis			
	túlerant	tulíssont			
FUTUR ANTÉRIEUR	*J'aurai porté*				
	túlero				
	túleris				
	túlerit				
	tulérimus				
	tuléritis				
	túlerint				

GÉRONDIF

Acc. (ad)feréndum, (pour) porter ;
Gén. feréndi, de porter ;
Dat. feréndo, à porter ;
Abl. feréndo, par le fait de porter, en portant.

SUPIN

Acc. latum, pour porter ;—
Abl. latu, à porter.

	INDICATIF	SUBJONCTIF	IMPÉRATIF	INFINITIF	PARTICIPE
PRÉSENT	*Je vais* eo is it imus itis eunt	*Que j'aille ou j'irais* eam eas eat eámus eátis eant	*Va (maintenant)* i ite	*Aller* ire	*Allant* iens, *gén.* eúntis
IMPARFAIT	*J'allais* ibam ibas ibat ibámus ibátis ibant	*Que j'allasse ou j'irais* irem ires iret irémus irétis irent			
FUTUR	*J'irai* ibo ibis ibit ibimus ibitis ibunt		*Va (plus tard)* i *ou* ito ite *ou* itôte	*Devoir aller* itúrum (-am, -um) esse	*Disposé à aller, devant aller* itúrus (-a, -um)
PARFAIT OU PASSÉ	*J'allai, je suis allé ou je fus allé* ii isti iit iimus istis iérunt *ou* iére	*Que je sois allé* ierim ieris ierit iérimus iéritis ierint		*Être allé* isse	
PLUS-QUE-PARFAIT	*J'étais allé* ieram ieras ierat ierámus ierátis ierant	*Que je fusse allé ou je serais allé* issem isses isset issémus issétis issent			
FUTUR ANTÉRIEUR	*Je serai allé* iero ieris ierit iérimus iéritis ierint				

GÉRONDIF

Acc. (ad) eúndum (pour) aller ;
Gén. eúndi, d'aller ;
Dat. eúndo, à aller ;
Abl. eúndo, en allant.

SUPIN

Acc. itum, aller (pour aller);
Abl. itu, à aller.

Fio, *je suis fait*, ou : *je deviens ; passif de* facio, *je fais.*

	INDICATIF	SUBJONCTIF	IMPÉRATIF	INFINITIF	PARTICIPE
PRÉSENT	Je suis fait *ou* je deviens fio fis fit fimus fitis fiunt	Que je devienne *ou* je deviendrais fiam fias fiat fiàmus fiâtis fiant	Pas d'impératif	Devenir fieri	
IMPARFAIT	J'étais fait *ou* je devenais fiébam fiébas fiébat fiebámus fiebátis fiébant	Que je devinsse *ou* je deviendrais fierem fieres fieret fierémus fierétis fierent			
FUTUR	Je serai fait *ou* je deviendrai fiam fies fiet fiémus fiétis fient			Devoir être fait *ou* devoir devenir factum (*invaria- ble*) iri	
PARFAIT OU PASSÉ	J'ai été fait *ou* je suis devenu factus sum — es — est facti sumus — estis — sunt	Que je sois devenu *ou* je fus devenu factus sim — sis — sit facti simus — sitis — sint		Avoir été fait *ou* être devenu factum(-am,-um) esse	Fait, ayant été fait *ou* étant devenu factus (-a, -um)
PLUS-QUE-PARFAIT	J'avais été fait *ou* j'étais devenu factus eram — eras — erat facti erámus — erátis — erant	Que je fusse devenu *ou* je serais devenu factus essem — esses — esset facti essémus — essétis — essent			
FUTUR ANTÉRIEUR	J'aurai été fait *ou* je serai devenu factus ero — eris — erit facti érimus — éritis — erunt				

ADJECTIF VERBAL

faciéndus (-a, -um), qui doit être fait ou qui doit devenir.

VOLO, NOLO, MALO

	volo, *je veux*	nolo, *je ne veux pas*	malo, *j'aime mieux*
INDICATIF			
Présent	Volo	Nolo	Malo
	Vis	Non vis	Mavis
	Vult	Non vult	Mavult
	Vólumus	Nólumus	Málumus
	Vultis	Non vultis	Mavúltis
	Volunt	Nolunt	Malunt
Imparfait.	Volébam	Nolébam	Malébam
Futur.	Volam, voles	Nolam	Malam
Parfait	Vólui	Nólui	Málui
Plus-q.-parf.	Volúeram	Nolúeram	Malúeram
Futur ant.	Volúero, volué- ris	Nolúero	Malúero

IMPÉRATIF

Noli *ou* Nolito
Nolito
Nolímus
Nolite *ou* Nolitóte
Nolúnto

SUBJONCTIF			
Présent	Velim	Nolim	Malim
	Velis	Nolis	Malis
	Velit	etc.	etc.
	Velímus		
	Velítis		
	Velint		
Imparfait.	Vellem		
Parfait.	Volúerim		
Plus-q.-parf.	Voluíssem		
INFINITIF Présent			
et imparfait	Velle	Nolle	Malle
Parfait et plus-q.-parf.	Voluisse	Noluisse	Maluisse
Participe prés.	Volens	Nolens	

VERBES AUXQUELS IL MANQUE PLUSIEURS PERSONNES OU PLUSIEURS TEMPS

Mémini, *je me souviens*

INDICATIF

PRÉSENT. Mémini,   je me souviens.
Meminísti,   tu te souviens.
Méminit,   il se souvient.
Meminimus,   nous nous souvenons.
Meminístis,   vous vous souvenez.
Meminérunt *ou* meminére,   ils se souviennent.

IMPARFAIT. Memíneram, *etc.,*   je me souvenais.

(Pas de parfait ni de plus-que-parfait.)

FUTUR. Meminero,   je me souviendrai.
Memineris,   tu te souviendras.
Meminerit,   il se souviendra.
Meminérimus,   nous nous souviendrons.
Meminéritis,   vous vous souviendrez.
Meminerint,   ils se souviendront.

IMPÉRATIF

Meménto,   souviens-toi.
Meménto,   qu'il se souvienne.
Mementóte,   souvenez-vous.

SUBJONCTIF

PRÉSENT. Meminerim, *etc.,*   que je me souvienne.
IMPARFAIT. Meminíssem, *etc.,*   que je me souvinsse
    ou je me souviendrais.

INFINITIF

PRÉSENT. Meminisse,   se souvenir

EMPLOI DES POSSESSIFS ET RÉFLÉCHIS

On fera bien de terminer le cahier de latin (et ensuite le recueil) par un *tableau des possessifs* et *réfléchis* sur deux pages face à face. — On en trouvera plus tard les éléments complets dans la grammaire latine de M. Brelet (Masson)(1). Voici les grandes lignes que l'on pourra tracer dès maintenant.

PAGE GAUCHE
DANS LA PROPOSITION INDÉPENDANTE :

I. — Emploi de *se* **et de** *suus.*

1. Possesseur sujet : *Pater amat suos liberos,* le père aime ses enfants.

> (Laisser quatre lignes blanches.)

2. Objet possédé sujet : *Sua eum comméndat modéstia,* il se recommande par sa modération.

3. Même si l'objet possédé est complément, dans trois cas :

> (Laisser six lignes blanches.)

II. — Emploi d'*ejus.*

1. Possesseur et possédé complément : *Deum agnóscis ex opéribus ejus,* vous reconnaissez Dieu à ses œuvres.

2. Tournure renfermant en réalité deux propositions : *Priamus ejusque filii periérunt,* Priam et ses fils périrent.

---

(1) Les lecteurs qui ont appris à lire le grec consulteront avec intérêt le tableau comparé des « Exemples des grammaires latine et grecque » présenté en une mince plaquette par M. Brelet (Masson).

PAGE DROITE
DANS LA PROPOSITION SUBORDONNÉE :

I. — *Se* et *suus.*

Dans les propositions étroitement unies (complétives, circonstancielles de but et style indirect) :

1. Quand le possesseur est sujet de la principale : *Homērum Colophŏnii civem esse dicunt suum,* Les habitants de Colophon disent qu'Homère est leur concitoyen.

2.....
(Laisser trois lignes.)

II. — *Ejus.*

Dans les propositions circonstancielles (sauf les finales).

(Laisser en blanc le reste de la page.)

Ces notions sont le *minimum* de ce qu'il faut savoir au cours de la première année de latin. Les règles que nous citons ici ont été souvent appliquées dans les *Epitome* de Lhomond et de Lantoine.

L'emploi des possessifs et des réfléchis est une des difficultés de la langue latine. Le latin y est plus exact que le français, mais infiniment moins simple.

TABLE DES MATIÈRES

TROISIÈME SÉRIE D'HISTOIRE
L'AGE DES ROIS

SÉRIE COMPLÉMENTAIRE
QUELQUES RÉCITS DU BON LHOMOND

APPENDICE

OUVRAGES DE M. BEZARD :

Comment apprendre le Latin
à nos Fils

Vol. 18/12ᶜᵐ de 424 pages, 2ᵉ édition. . . . . 10 fr. »

C'est sans doute faire connaître assez les mérites du nouveau livre de M. Bezard que de dire qu'il est digne de ses aînés : la *Classe de français* et la *Méthode littéraire*. — C'est un livre d'expérience, et à un double titre : l'auteur y a mis tout ce que lui a enseigné une pratique déjà longue de l'enseignement, poursuivie avec autant de science que d'amour ; mais il ne s'en est pas tenu là, il a associé à son étude tous ses collègues du lycée Hoche, et les élèves de ses collègues, si bien qu'il nous donne la sensation, si précieuse et si rare, de la vie complète et variée, d'un bout à l'autre de l'année scolaire, et depuis le premier apprentissage des rudiments jusqu'à la veille du baccalauréat. — La vie, c'est bien là le grand charme de cet ouvrage, et c'en est aussi la grande utilité. Parce qu'il reste en perpétuel contact avec la réalité vivante, M. B. ne risque pas de s'égarer dans les théories abstraites et systématiques ; sur les questions controversées, comme celles de la méthode directe et de la méthode classique ou du thème latin, son opinion lui est dictée, non par un dogme, mais par ce qu'il a vu, par ce qu'il sait possible et pratiquement désirable. — Et quelle vie aussi dans les méthodes d'enseignement ! Quel désir passionné de faire trouver, de faire créer la science du latin par l'enfant lui-même, sans rien de machinal ni de servile ! Quelle ingéniosité avisée, infatigable, touchante même, dans les procédés pour atteindre ce but ! — En lisant ces pages si chaudes et si vraies, je songeais aux impressions que pourra ressentir l'historien qui, dans quelques siècles, les relira pour avoir quelques renseignements sur la pédagogie du vingtième siècle. Il y trouvera une image singulièrement frappante de l'existence de nos collégiens, de leurs connaissances et de leurs ignorances, de leurs jeunes curiosités, de leurs ardeurs, — de leurs préjugés même. Il y prendra aussi une idée très sympathique de l'âme universitaire : je ne crois pas qu'on puisse jamais rencontrer autant de sûreté de jugement, de finesse, de goût, d'habileté dans la direction morale et intellectuelle, et par-dessus tout, de dévouement, d'attachement invincible à ce qu'on enseigne et à ceux à qui on l'enseigne.

(René Pichon, L'Enseignement secondaire.)

CAHIER DE LATIN

*Méthode auxiliaire pour l'enseignement de la Syntaxe
par l'observation directe,*
par **R. GÉANT**, professeur au lycée Louis-le-Grand.

Cahier 25/19^{cm}, cart. toile. . . . . 7 fr. 50

Cette méthode se présente sous la forme combinée d'une *collection d'exemples* (verso des pages) et d'un *registre d'observation* (pages blanches au recto).

La *collection d'exemples*, qui contient tout les types de constructions usuelles, est classée selon l'ordre analytique ; elle est destinée à servir de base aux leçons dogmatiques, à munir l'élève d'une bonne *topographie grammaticale,* à exercer sa mémoire et à la meubler de tous les paradigmes essentiels à l'intelligence des textes. Elle représente « tout ce qu'il faut savoir » en syntaxe latine.

En face de cette partie théorique se constituera peu à peu, au cours des explications d'auteurs et des corrections de devoirs, une collection parallèle de phrases directement *observées* par l'élève, échantillons d'autant plus caractéristiques qu'ils auront été l'objet d'un choix personnel et d'un examen critique. Qu'il s'agisse de la vérification de règles connues ou d'anticipations sur les leçons à venir, ce cahier sera au livre de grammaire ce que l'herbier est au livre de botanique.

RECUEIL DE VERSIONS LATINES *extraites des prosateurs et poètes, à l'usage des élèves de Seconde et de Première A, B, C,* par J. MONGIN, professeur au lycée Rollin, et E. GAYAN, licencié ès lettres, 5e édition. — Vol. 18/12^{cm}, contenant 500 versions. . . . . . 8 fr. 75

LA VERSION LATINE *(Méthode et textes choisis),* par U.-V. CHATELAIN, professeur agrégé au lycée Voltaire. — Vol 22/14^{cm}.   8 fr. 75

SYNTAXE LATINE-FRANÇAISE, par J. ESTÈVE, professeur agrégé au lycée Ampère, à Lyon. — Vol. 18/12^{cm}. . . . . 4 fr. 75

Deux Cents Versions Latines

proposées au concours de l'École normale supérieure et des Bourses de Licence et aux Examens de Licence, réunies et classées par H. BORNECQUE, professeur de philologie latine à l'Université de Lille. — Vol. 22/14^{cm}, cartonné. . . . . 7 fr. 50